JN109496

世界文化遺産

五島
ごとう

写真　山本　一
執筆　川添智未

求龍堂

大小152の島がおりなし、つむぐ、ふるさとの物語。帰ってきた人も

■各施設についているマークは次の通りです。
[時] 開館または見学可能時間
[休] 定休日
[金] 入館料
[交] 交通・所要時間(約)

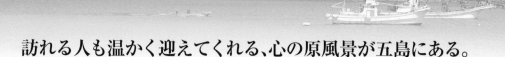

訪れる人も温かく迎えてくれる、心の原風景が五島にある。

1 矢堅目の夕景（新上五島町　上五島）

奈摩湾の入口に突き出た円すい形の奇岩は、その昔、弓矢で武装して警護を堅めた場所だったことから「矢堅目」と呼ばれる。日没時に対岸の白草公園から望む夕景は、まばたきを忘れるほど素晴らしい。とりわけ2月と11月は岩のくびれに陽が沈み、最高のビュースポットとなる。

[交] 白草公園：有川港から車で30分

2 奈留千畳敷 （五島市　奈留島）

奈留島の東南、舅ヶ島海水浴場から突き出た岩礁で、干潮になると姿を現して小島へ渡ることができる。周辺には淡水貝の化石やサイの足跡などが見られ、景勝地としての眺めだけでなく、太古の島を知る上で貴重な地域でもある。ところどころに置き忘れられたような奇岩も楽しい。

[交] 奈留港から車で5分

世界文化遺産「長崎と天草地方の潜伏キリシタン関連遺産」の構成資産の一つで、国の重要文化財。約百年前に地元民がキビナゴ漁で得たお金を出し合い、鉄川與助に依頼して建てた。木々の間から姿を見せる白板壁の教会は清楚で可憐だが、湿気から守るために高床式にしてあり、柱の木目は手描きといった技術が凝らされている。

［時］9:30〜17:30　　［交］奈留港から車で15分　　※内部見学は事前連絡が必要

旧地に残る石垣。明治14(1881)年、最初に建てられた教会は、この地へ移住した4家族が石を一つ一つ積み上げて築いたという。

4 旧五輪教会堂（五島市　久賀島）

世界文化遺産「長崎と天草地方の潜伏キリシタン関連遺産」の構成資産の一つで、国の重要文化財。昭和6（1931）年に浜脇教会を建て替えする際、解体されるはずだった旧教会の価値を仏教徒が指摘し、久賀島の五輪地区へ移築された。車では直接行けない岸壁に守られ、五島市最古の教会という古老が佇んでいる。隣接する、新しい五輪教会との対比も興味深い。

[交]田ノ浦港から車で30分、下車後徒歩10分
※内部見学は事前連絡が必要

中通島と深紅のアーチ橋で結ばれた頭ヶ島は、かつて1軒を除いてキリシタンだったそう。一帯は五島石の産地で、切り出した石で築いた堅固な壁にドーム型の尖塔が印象的だ。鉄川與助の設計で約10年かけて築かれ、大正8 (1919)年に完成。世界文化遺産「長崎と天草地方の潜伏キリシタン関連遺産」の構成遺産の一つである「頭ヶ島の集落」内に建つ国の重要文化財。

[時] 9:00～17:00　[交] 有川港から車で20分
※内部見学は事前連絡が必要

このあたりは波が高く、岸壁は複雑な波形に浸食されている。若松港からキリシタン洞窟へ向かう途中には穴の開いた岩礁があり、ハリノメンド（五島弁で針の穴）と呼ばれる。迫害を逃れた家族の想いが通じたかのように、穴の形が幼いキリストを抱くマリア様の姿に見えるともいわれている。

明治初期まで続いた激しいキリシタン弾圧を
逃れ、4家族8人（3家族12人説もあり）が身
を隠した洞窟。狭くごつごつした岩の隙間に
肩を寄せ合って住んでいたが、3ヵ月後に煮
炊きの煙が漁船に見つかって捕らえられ、凄
惨な拷問を受けたという。昭和42（1967）年、
洞窟の入口に十字架とキリスト像が建てられ
た。現在も道はなく船でしか見学できないが、
険しい岩肌を見ていると、こんなところに住ん
でなお信仰を続けた家族を思って胸が詰まる。
それも禁教令が解かれる少し前のことだけに、
いっそう痛ましい。

［交］若松港より船で15分
※乗船は要予約、人数によって乗船料が異なる

7 大瀬埼灯台（五島市　玉之浦）

福江島の最西端に位置して、東シナ海を照らす灯台。真っ青の海に断崖絶壁、白亜の灯台のコントラストが息を呑むほど美しく、「日本の灯台50選」に選ばれている。九州では最も日没が遅く、展望台からの眺めは晴れた昼間も夕刻も絶景だ。写真は展望台からの景観だが、山を縫って灯台まで遊歩道が通じており、気候が良い日には、往復1時間のハイキングで灯台まで行ける。

[交]展望台駐車場まで福江港から車で70分

⑧ 渕ノ元カトリック墓碑群（五島市　三井楽）

寛政年間（1789～1801）よりも早くから、この地に移住していたカトリック教徒の墓地。東シナ海を望む草原に十字の墓標がいくつも並び、それをマリア様が優しい表情で見守っている。晴れた日は嵯峨島をバックに佇み、夕刻になるとオレンジ色の太陽を背に浮かぶシルエットが幻想的だ。

［交］福江港から車で50分

⑨
日島曲古墓群〈新上五島町 若松〉
（ひのしままがり）

若松島の先端につながる日島は、かつて大陸との交易の要地で、交易船の寄港地として栄えた。時には唐船が難破することもあり、その弔いのために建てられ、以降は武士の墓も多く建てられたと推測される。石塔は鎌倉時代後期から南北朝時代に製作され、江戸時代まで作られた。近年になって発掘・復元され、瓦礫の上に石塔が並ぶ様子はさながら賽の河原のようで、異世界に迷いこんだ気分になる。歴史上も貴重であり、長崎県指定史跡と日本遺産「国境の島 壱岐・対馬・五島〜古代からの架け橋〜」の構成文化財に認定されている。

［交］若松港から車で30分

10

鎧瀬溶岩海岸（五島市　福江）

あぶ ぜ

約5万年前、鬼岳が誕生した際の噴火で流れ出た溶岩が海水で冷え、東西7kmにわたる入り組んだ海岸が形成された。溶岩特有の黒くごつごつした岩肌とアオサなどの海藻、南方の樹木などが織りなす光景は奇怪であり、景勝でもあり。海岸越しに鬼岳を望める展望台や、自然学習ができる鎧瀬ビジターセンターも設けられている。

[交] 福江港から車で20分

遣唐使が最後に立ち寄った地に開けた公園で、一帯には釣り場
やキャンプ場が整備されている。強風にあおられ、うねるよう
に生えた樹木は壮観だが、一番の見どころは花。春には菜の
花が黄色い絨毯となり、梅雨時は紫陽花、夏は向日葵、秋には
秋桜と咲き継ぎ、季節を満喫することができる。

[交] 福江港から車で30分

11 魚津ヶ崎公園（五島市　岐宿）

12 高浜海水浴場 (五島市　三井楽)

真っ白の砂浜の向こうに広がる海は透明度が高く、エメラルド
グリーンからコバルトブルーへとグラデーションで魅せる。日
本一美しい海水浴場と讃える人もいるほどで、五島列島内の人
気№1。さまざまなマリンスポーツも楽しめる。

[交] 福江港から車で50分

溶岩台地の上に築かれた遺構で石垣の全長は
180m、「山崎の石塁」とも呼ばれる。江戸時
代後期に、大工の勘次が河童と一緒に築いた
城という伝説が残されているが、倭寇がアジ
トとして築いたのではという説が有力だ。と
ころどころ切れた火山礫の土塁と、可憐な草
花の対比がどこか物淋しい。付近には復元さ
れた石積みのミニチュアと、海を指す倭寇像
がある。

［交］福江港から車で30分

14 樫の浦アコウ樹 （五島市　福江）

アコウはクワ科の常緑高木で、温暖な地域で大きく生長する
が、なかでも樫の浦のアコウは長崎県最大級の巨木で、県の
天然記念物に指定されている。幹周り15m以上、樹高11m以
上、東西南北へ大きく枝を張り、さらに枝から大小の気根がた
れ下がって、仙人のような風貌だ。他にも五島市では、玉之浦
や富江小学校のアコウが巨木として知られている。

［交］福江港から車で20分

樹齢約670年、幹周り12m、高さ25m、日本一大きいアコウ樹。石垣から這い出したような、うねうねと盛り上がる根元も壮観だ。根元が二つに分かれて奈良尾神社の参道にかぶさり、鳥居代わりになっている。この木をくぐって参拝すれば、長寿のご利益があるとされる上五島のパワースポットで、国の天然記念物に指定されている。

［交］奈良尾港から徒歩15分

16 多郎島（五島市　富江）

多郎島を望む海水浴場には「さんさん富江キャンプ村」の施設や休憩所などが整備され、アウトドアレジャー基地になっている。海には伝統的な「すけ漁」の仕掛けがある。浅いところに石垣を組んでおくと、満潮時に魚が集まる。そして干潮になると逃げられず、容易に捕ることができるのだ。キャンプ村ではこの、すけ漁体験もできる。

[交] 福江港から車で30分

17 ハマンナ（新上五島町　有川）

透明度が高く、こぢんまりして静かな海水浴場。上五島の人にとっては隠れ家的なビーチであり、島民だけのビュースポットだ。目前に浮かぶ源五郎島は、雄ライオンのような風貌から「ライオン島」と呼ばれる。

[交] 有川港から車で6分

大串池塚海岸で干潮になると姿を現すビーチロックは、砂や礫が珪酸などでくっつき、幾層にも固まったもの。そこにカメノテやフジツボ、海藻がはびこり、奇景感をアップする。ビーチロックは南方でしか見られず、池塚は北限に近いといわれる。周辺には熱帯性の常緑低木・ハマジンチョウの群生も見られ、冬季に赤紫の花が咲く。

[交] 奈留港から車で25分

19 ドンドン渕〈五島市　岐宿〉

権現岳の麓にあり、駐車場から歩いてゆくと威勢の良い水音が響いてくる。ドンドン渕は五島列島最大の滝で、勢いよく流れ落ちる水が岩に当たって、太鼓を打つような音になるのでこの名が付いた。初夏には鮎が遡上して螢も舞う、島民の避暑スポットでもある。

[交] 福江港から車で20分、下車後徒歩5分

20 青砂ヶ浦天主堂〈新上五島町　上五島〉

禁教令が解かれ、潜伏から解放された信徒が明治11(1878)年に小さい集会所を設けた。その場に、鉄川與助が設計した現在の教会が竣工したのは明治43(1910)年のこと。当時は珍しかった赤レンガの建物は、信徒たちが総出でレンガを荷揚げして築いたという。内部は白壁に、リブ・ヴォールト天井が端正な趣を醸している。日本人が設計した初期のレンガ造教会として、国の重要文化財に指定。

[時] 9:00〜17:00
[交] 青方港から車で15分

21 堂崎教会〈五島市　福江〉

フランス人宣教師のフレノー神父とマルマン神父が五島を訪れ、禁教令が解かれて初の布教拠点として、明治12(1879)年に木造天主堂が献堂された。その後、明治41(1908)年にペルー神父の設計・鉄川與助の施工でレンガ造の教会堂が完成し、現在に至っている。資材の一部はイタリアから運ばれたそうで、異国情緒が色濃く感じられる。現在は堂崎天主堂キリシタン資料館として、信仰の歴史を展示している。

[時] 9:00〜17:00
　　(11月11日〜3月20日は16:00まで)
[交] 福江港から車で20分
[休] 12月30日〜1月3日
[金] 大人300円　中・高生150円　小人100円

大村藩から移住したキリシタンが潜伏していた玉之浦で、フランス人宣教師・ペルー神父が信仰の場を拓いた。その祝別式にて、ペルー神父がルルド建設を提案。信徒たちが島中から形の優れた岩を集め、明治32（1899）年に日本初のルルドが誕生した。聖母像と霊水はフランスのルルドから取り寄せ、敷地に据えて泉に注いだという。今日でも泉の水を飲むと万病を癒すといわれ、全国の信者の聖地となっている。なお、初期の建物は台風で倒壊し、現在は昭和63（1988）年に築かれた現代的なコンクリート造の教会だ。

[時] 9:00〜17:00　[交] 福江港から車で50分

23 三井楽教会（五島市　三井楽）

井持浦と同じく大村藩から逃れたキリシタンが、この地でもひそかに信仰を続け、助け合って明治13（1880）年に
ゴシック様式の木造教会を築いた。しかし老朽化で、昭和46（1971）年にモダンな外観の教会に生まれ変わった。
目を引く正面のモザイク壁画は、陶片や貝殻などで彩られている。ステンドグラスが見事な教会として知られ、
向かって右がキリストの誕生から復活まで、左には五島のカトリックの歴史が描かれ、下段には五島の風物をあ
しらっている。

［時］9：00〜17：00　［交］福江港から車で50分

<ruby>コラム<rt></rt></ruby> ステンドグラス修復に関わった人

　教会の再建時はサッシ窓で、地域のみんなが「やっぱりステンドグラスがほしいね」と熱望。篤志家の寄付とボランティアの努力で形になった。まずはステンドグラス作家を招き、地元にステンドグラス工房を作って生徒を募集。集まった9名が作家の指導を受けながら、6年がかりで完成させたのだ。

三井楽ステンドグラス工房
538の濱崎由美子さん。

　生徒の一人・濱崎由美子さんは、「先生に一から教えていただき、教会を教材に、学びながら完成させていきました。かつての情景を想像しながら、みんなの教会への想いを託して配色を考えました」という。平成17（2005）年に完成したステンドグラスは、海辺のまちらしい鮮やかな彩色で、いにしえ人と現代人の想いが伝わってくる。

　濱崎さんはカトリック信徒だが、制作を続けるうちに教会の文化を守る気持ちがますます強くなってきたそうで、「現存する教会のステンドグラスは保存するしかないため、修復の要請があればどこでも出かけていきます」という。三井楽教会へも毎週、ミサに出て光の具合を確かめている。また、方々のメンテナンスに関わり、工房や武家屋敷通りふるさと館では体験教室も行って、五島に根づいたステンドグラスの光を次代へとつないでいる。

24 牢屋の窄殉教記念教会（五島市 久賀島）

明治元（1868）年、わずか12畳の牢屋に久賀島の信徒約200名が閉じこめられた。のちに「五島崩れ」と呼ばれる、キリシタン弾圧の発端である。身動きできない状態の8ヵ月間で39名が死亡し、生き延びた人たちも憔悴しきっていた。この殉教事件があった牢屋の跡へ、近隣にあった殉教者顕彰の堂が移転され、昭和59（1984）年に牢屋の窄殉教記念教会として開館。小さな聖堂の内部には12畳のグレーの絨毯が敷かれ、牢屋のスケールが一目でわかる。この狭さに200名が…と想像すれば、辛苦が伝わってくる。
堂の表には、入牢させられた信徒の霊名と年齢を刻んだ「信仰之礎」と、牢死者を慰霊する石碑が建っている。

［交］田ノ浦港から車で10分

水ノ浦の入江に面した丘に建つ、白亜の教会。最初の教会は明治13（1880）年に建造されたが、老朽化に伴い土手を拡張し、昭和13（1938）年に増改築された。鉄川與助の設計・施工で、一つの教会にゴシック・ロマネスク・和風の三様式が融け合う、和洋折衷の意匠が印象的だ。木造教会では日本最大級で、内部の高いリブ・ヴォールト天井が神々しい。教会の敷地内には、キリシタン弾圧を物語る牢跡と五島出身の聖人聖ヨハネ五島像がある。

［時］9：00〜16：00
［交］福江港から車で30分

26 楠原教会（五島市　岐宿）

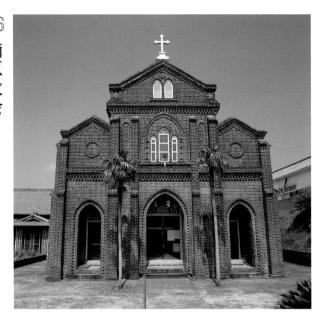

五島市では堂崎教会に次いで古く、古色を帯びた赤レンガ造の外観も堂崎天主堂によく似ている。鉄川與助の設計・施工だが、外海地区から移住した信徒がなけなしの資金を出し合い、労働奉仕によって明治45（1912）年に竣工した信仰心の結晶だ。近年に大がかりな補修が行われ、往時の姿をよく保っている。正面脇のルルドは開放的で、幼子や羊を配したのどかさになごむ。

［時］9:00〜17:00　［交］福江港から車で30分

27 福江教会（五島市　福江）

五島市の中心街にあり、市内で最も信徒が多い教会。明治時代以降、各地から中心部に集まった信徒が建てた。現教会は昭和37（1962）年4月に献堂されたが、同年9月に福江大火と呼ばれる大規模な火災が発生。市中の広範囲に火が回って計604戸が焼失したものの、福江教会だけは奇跡的に免れた。焼け野原に立つ尖塔が復興のシンボルとなり、仮警察署がおかれたという。すっきりしたフォルムに、水色の縁取りがすがすがしい。

［時］9:00〜17:00　［交］福江港から徒歩10分

玉之浦町の海辺に面し、民家と肩を並べて佇む小さな教会。瓦屋根の間から、にょっきり顔をのぞかせる尖塔が愛らしい。昭和37（1962）年に建てられた建物は二重の切妻屋根と白壁が特徴的で、内部も落ち着いた祈りの場を醸している。背後は山、すぐ前には漁船が並び、暮らしに息づく信仰を体現する教会だ。

[時] 9:00〜17:00

[交] 福江港から車で65分

船で福江港から田ノ浦港を目指すと、入江の手前で緑に抱かれた白壁の教会が目に入ってくる。金で縁取られた尖塔が、凜とした趣を感じさせる。もとの教会は、久賀島で迫害を乗り越えた信徒たちが明治14（1881）年に建造。しかし老朽化に伴って建て替えようとしたところ価値を指摘され、五輪地区へ移した（旧五輪教会堂として保存されている）。そのあとへ昭和6（1931）年に建てられた、五島列島で初のコンクリート造教会だ。

[時] 9:00〜17:00　　[交] 田ノ浦港・浜脇港から徒歩10分

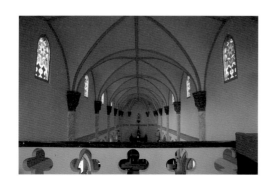

30 宮原教会（五島市　戸岐）

宮原は、大村藩から五島へ移住した潜伏キリシタンがひっそりと信仰を続けていた地の一つで、かつては寺の檀徒として生活していたそう。以前の教会も和風家屋の造りで、祭壇前は障子でふさがれ、ミサの時だけ開けられていた。現在の教会は昭和46（1971）年に建てられた比較的新しい建物だが、民家と間違う簡素さで内部も非常に素朴。集落の人たちが、大切に守り育んできた教会である。

[時] 9:00〜17:00　[交] 福江港・福江空港から車で20分

31 半泊教会（五島市　戸岐）

「半泊」という変わった地名は、外海地区から移住した信徒のうち半分が別の地へ移り、半分がこの地に留まったところからきたそうだ。留まった信徒は教会を持たず、大正時代に入って教会建築の計画が持ち上がった。そしてアイルランドから浄財がもたらされ、信徒が労働奉仕をして大正11（1922）年に完成した。赤茶色に塗られた板壁、サッシ戸の建物は民家のようだが、内部は白壁に水色の天井・柱・窓枠が清楚で、広く見える効果大だ。

[時] 9:00〜17:00（冬期は16:00まで）
[交] 福江港・福江空港から車で30分

禁教令が解かれたあとも、奈留島には江上天主堂と葛島（奈留島の北にある小島・現在は無人島）の教会しかなかった。そこで宿輪集落の信徒20戸が苦しい中から資金

を出しあい、最初の教会を大正15（1926）年に完成させる。しかし大型台風に持ちこたえることが困難で解体され、昭和36（1961）年に白亜のモダンな教会が献堂された。すっきりした方形のステンドグラスがスタイリッシュな、明るい教会である。

［時］9：00〜17：00
［交］奈留港から車で5分

天気の良い日は毎日、清掃奉仕をしている100歳のおばあちゃん。笑顔が素敵だ。

若松島と堤防で結ばれた有福島の海辺にある教会。廃屋の脇にある階段を上ってゆくと、小さいながらも瓦葺きの重層屋根を持つ教会がひっそり佇んでいる。内部も漆喰壁に板天井が和風である。この清潔感あふれる教会は、地元の信徒数軒で守っているそう。海を見つめるマリア様が印象的だ。

［時］9：00〜17：00
［交］若松港から車で30分

34

桐教会

〈新上五島町　若松〉

昭和33（1958）年に建てられた、コンクリート造の大きな教会で、見上げれば花に埋もれる白亜の建物、若松大橋から見下ろせば赤い屋根の両端にある四角い尖塔とドームが目を引き、入江のランドマークになっている。内部は端正な造りで、献堂から60年以上経つ今も、現代的なシンプルモダンを感じる。

入口横には、禁教令が解かれたのちに五島へキリスト教を広めたガスパル与作、その父・パウロ善七、ミカエル清川沢次郎の功績を讃える銅像が建つ。庭園からの眺めも絶景だ。

[時] 9:00～17:00　　[交] 奈良尾港・若松港から車で10分

大正14（1925）年に建てられた木造教会で、40年後に鐘楼が増築され、白い板壁と瓦屋根が清楚である。海に面して建ち、その姿が波のおだやかな日にはくっきり映ることから「水鏡の教会」と呼ばれている。国道384号を北上し、対岸から見るのがおすすめだ。

［時］9:00〜17:00　［交］奈良尾港から車で10分

明治12年（1879）年に木造教会（現在は土井ノ浦教会になっている）が献堂され、大正5（1916）年に鉄川與助の設計・施工で、レンガ造りの教会堂が建てられた。古色豊かな構えが鉄川氏らしく、色の異なる2種類のレンガを組み合わせた壁面に、白い窓枠と八角形ドーム型の鐘楼が西欧風の趣を与えている。内部のリブ・ヴォールト天井とドイツ製のステンドグラスも荘厳だ。

［時］9:00〜17:00　［交］青方港から車で5分

曽根教会（新上五島町　新魚目）

この地に教会が設けられたのは明治14 (1881) 年で、明治32 (1899) 年にフランス人宣教師ペルー神父の指導によって、木造の聖堂が建てられた。鉄川與助が初めて携わった教会建築だが、老朽化により昭和41 (1966) 年に3代目の教会が建立された。小番岳の尾根に建つ、白を基調にしたシンプルで開放的な教会からは、五島灘に昇る朝日と東シナ海に沈む夕陽を望むことができる。

[時] 9:00～17:00
[交] 有川港から車で30分

コラム 教会建築の父　　鉄川與助 (1879-1976)

　明治12 (1879) 年、南松浦郡魚目村（現在の新上五島町丸尾郷）の富江藩御用大工の家系に生まれ、27歳で家業を継いだ。修行中の22歳で曽根教会の建立に携わり、ペルー神父からリブ・ヴォールト天井（ゴシック建築に多用されるアーチ形の天井様式でコウモリ天井ともいう）の構造や幾何学などを学ぶ。以来、ほぼ独学で建築学や設計・構造計算を身に付け、明治後期～昭和中期にかけて五島をはじめ九州各地に50以上のカトリック教会を建てた。

　木造から石造、和風から西洋風まで材質やデザインは多岐にわたり、鉄筋コンクリート造にも早くから注目。昭和6 (1931) 年には、出身校である魚目小学校を鉄筋コンクリートで建造した。與助自身は仏教徒で、鉄川家の菩提寺である元海寺の山門なども手がけており、学校や住宅などを加えると100あまりの建物を残している。

　現在、教会建築は5件が国の重要文化財に指定され、5件が長崎県有形文化財に指定されている。

明治15（1882）年に、五島初の日本人神父の誕生を祝い、その出身地に建てられた。ブレル神父の指導と援助による木造教会で、現役の木造教会としては日本最古であり、長崎県の有形文化財に指定されている。2007年に漏電でほぼ焼損し、焼け残った材料を用いて3年がかりで復元。木造平屋建てで、内部はリブ・ヴォールト天井やアーチ形の窓、外観は台形のフォルムと瓦屋根が印象的だ。

［時］9:00〜17:00
［交］有川港から車で45分

海を見下ろす鐘楼は、12月半ばの1週間だけ真後ろから夕陽が当たり、光の中に立つシルエットがとても美しい。 ©髙村昌治

崎浦の五島石集落景観（頭ヶ島周辺の集落）

水道工事などで撤去され、現在も石畳が残っているのはこの路地だけ。塀や家の土台にも石が積まれているが、年代によって積み方が異なるそうである。

近くの友住港などには堆積岩が残る。採石や浸食でうねるような形になり、ダイナミックな奇景を呈している。

中通島の北東、頭ヶ島を望む崎浦地域（赤尾・友住・江ノ浜・頭ヶ島）は五島石と呼ばれる砂岩質の堆積岩が多く、古くから採石場がたくさんあった。近隣の集落には石工が住まい、道路や階段、住居の塀や壁にも五島石を活用した。

現在も車が入れない路地のそこかしこに石垣や石塀が残り、タイムスリップしたような散策が楽しめる。独特の景観が石材業の繁栄をしのばせ、石文化を伝えるとして平成24（2012）年に国の重要文化的景観に選定された。

[交]有川港から車で15分

禁教期に外海地区の潜伏キリシタン4家族が移住し、江上地区の谷間に開けたわずかな平地に家と祈りの場を設けて信仰を続けた。明治39（1906）年ごろ簡素な教会を設け、のちに現在の場所へ移って江上天主堂が築かれる。そのころには江上集落も50戸ほどに増えて栄えたが、しだいに人口が減少。現在は10戸ほどの家屋が残るのみで、居住しているのは2戸だけだという。山の斜面にしがみつくような家屋を、行き交う猫たちが郷愁をかき立てる江上集落は、世界遺産の構成資産である。

［交］奈留港から車で20分

旧協会の跡地は草木が生い茂るが、一つ一つ積み上げた石垣が残り、先人の努力が伝わってくる。

福江城（石田城）・五島氏庭園隠殿屋敷・心字が池（五島市　福江）

五島家30代盛成公が築いた福江城（石田城）は、文久３（1863）年の築城当時、三方を海に囲まれた日本唯一の海城だった。惜しくも明治政府によって解体されたが、石垣や城門が残されている。本丸跡には県立五島高等学校が建ち、生徒たちは毎日、城門をくぐって登校する。

二の丸跡には盛成公の隠居屋敷として造られた五島氏庭園が現存しており、35代当主の五島典昭氏が守っている。京都より流刑でたどり着いた禅僧・全正を召し抱えて造らせた林泉回遊式庭園は、「心」の字を象った池に石を亀が向かい合うように配し、周囲には石塔や各地から移植された草木が茂る。どこから見ても風趣に富むが、とりわけ盛成公の居室から見る眺めが素晴らしい。屋敷自体も一部屋ごとに意匠が異なる障子や欄間、釘隠しなど、隅々まで趣向が凝らされ、丹念に見たくなる名建築だ。庭園と建物が醸す風情は高い価値があるとして、国の名勝に指定されている。

［時］9:00～17:00（12月1日～26日、
　　　2月1日～3月31日は16:30まで）
［交］福江港から徒歩10分
［休］火・水曜、12月27日～1月31日、8月9日、
　　　中秋の日、その他臨時休園あり
［金］大人800円　小人400円

42

海童神社

〈新上五島町　有川〉

有川港のそばにある小山に、恵比寿神と龍神を祀る神社。かつては応護島という島で、ターミナルを築くにあたって埋め立てられ、陸続きになった。かつて捕鯨で栄えたまちの守護神らしく、参道の鳥居にはナガスクジラの顎骨が据えられている。

[交] 有川港から徒歩2分

43

常灯鼻

〈五島市　福江〉

福江城築城の際、海から吹きつける波風を防ぐための防波堤と、灯台を兼ねて造らせた常夜灯。かっちりと組まれて現在もゆるがない堅牢な構造は、滋賀県大津の石工集団が手がけたからだといわれている。石垣に鳥居や松の木を配した情緒あふれる佇まいで、現在は福江港に出入りする船や人を迎えてくれる。

[交] 福江港から徒歩5分

五島石で築いた石垣や塀が今も残る赤尾集落には、安産の神様・孕大明神を祀る孕神社が建ち、すぐそばには漁の安全と大漁を祈願する金比羅神社がある。社の前には赤尾の捕鯨漁師が奉納した、狛犬ならぬ狛鯨が置かれている。ころんとした姿がユーモラスで、捕鯨で栄えたいにしえを彷彿とさせる。

［交］有川港から車で10分

コラム　鳥居 の形

　五島の神社には、潮風にさらされても腐食しにくい石造りの鳥居が多い。鳥居の形で最もポピュラーなのは、笠木（鳥居の最上部）と島木（笠木の下に渡した木）を柱で支える「明神鳥居」である。五島の神社には明神鳥居もあるが、その変形で笠木と島木が一体化（島木があってもくびれ程度のわずかなもの）して、両端がぐいっと跳ね上がった形の肥前鳥居（福岡県の筥崎宮に代表されるため筥崎鳥居ともいう）が多い。

　この鳥居の一番の特徴は、どっしり、ずんぐりした柱。下部へいくほど太くなり、いかにも座りが良くて倒れにくそうだ。台風の多い島ならでは、抜群の安定感で氏子を見守っている。

五島における真言宗の本山。弘法大師が、唐からの帰国時に立ち寄ったという伝承もある。五島家代々の祈願寺であり、本堂は五島家28代盛運公が安永7（1778）年に建立した、五島最古級の寺院建築だ。太い檜柱が20本使用され、格天井には四季の花鳥が描かれている。その数、121枚もあり、首がだるいのを忘れて見たくなるほど素晴らしい。仏具類も荘厳かつ華麗で、本堂は県の有形文化財に指定され、日本遺産にも認定されている。「五島八十八ヶ所霊場」1番札所でもあり、境内の裏手には八十八の僧像が並ぶ。

[時] 9：00～17：00（お盆は15：00まで）　[交] 福江港、福江空港から車で10分

[休] 月曜、毎月1、28日　[金] 志納

浄土真宗本願寺派の寺院で、紀州から来島した僧・残雪が開基だ。堂宇は純和風だが、山門は珍しい赤レンガ造り。これは、当寺の門信徒だった鉄川與助が設計・施工したものである。ちなみに鉄川與助は数々の教会建築を手がけるうち、キリスト教への転宗を勧められたが、生涯を仏教徒として過ごし、この寺に眠っている。

[交] 有川港から車で10分

46 元海寺（新上五島町　新魚目）

五島家22代盛利公の母・芳春尼の菩提寺として開かれた浄土宗寺院で、墓地には坂部貞兵衛の墓がある。坂部貞兵衛は伊能忠敬の測量調査に随行し、忠敬の右腕として活躍した。第8次測量調査からは分隊長として測量を実施していたが、文化10(1813)年の五島西海岸部の測量中に病で倒れた。駆けつけた忠敬に看取られ、43歳の生涯を閉じたそうである。宗念寺で葬儀が行われ、五島藩は墓所に手厚く葬った。

[交] 福江港から徒歩10分

47 宗念寺（坂部貞兵衛墓所）（五島市　福江）

コラム 五島の神社仏閣

　カトリック教会が多いため、五島はキリスト教のまちだと思われがちだが、古くから仏教・神道があったところにキリスト教が共存している。カトリック信徒の人数は約8,000人で、人口に占める割合は五島市で約8％、新上五島町で約25％ほど。残りの大多数は仏教である。

　福江島には五島八十八ヶ所霊場巡りができるほど寺院が多く、古くから漁で栄えた島だけに航海や漁の無事を祈った神社も多数あり、何百年の歴史を誇る神事・祭もたくさん伝えられている。

48 大宝寺（空海）（五島市　玉之浦）

大宝元(701)年に三論宗の道融和尚が創建したと伝えられるが、大同元(806)年に唐から帰国した空海が立ち寄って、日本で最初の真言密教の講釈を行ったという。そこから真言宗に改宗し、総本山・高野山に対して「西の高野山」と呼ばれるようになった。「五島八十八ヶ所霊場」88番札所でもあり、戦争中の供出を免れた梵鐘は県指定有形文化財だ。また、本殿内陣には左甚五郎作と伝わる猿の彫刻がある。日本遺産に認定されている。

[時] 8:00〜18:00
[交] 福江港・福江空港から車で40分

49 辞本涯の碑（五島市　三井楽）

三井楽半島の先端、柏崎公園に立つ空海記念碑で、第16次遣唐使船で唐に渡った空海が書物に記した、辞本涯(日本のさいはての地を去るという意味)の文字が刻まれている。この一帯は遣唐使船が日本で最後に寄港した地であり、石碑の向こうに広がる東シナ海を見つめていると、命がけで唐へ渡った遣唐使の苦労と文化の礎に胸が熱くなる。岬には柏崎灯台が建ち、海の向こうには姫島と嵯峨島を望むことができる。

[交] 福江港・福江空港から車で50分

50 遣唐使船寄泊地（五島市　岐宿　三井楽）

魚津ヶ崎公園の岬には、激しく吹きつける海風にあらがうように、「遣唐使船寄泊地」の碑が建つ。嵐にあって落命する人も多かった船旅をしのんで、しばし祈りを捧げたい。
三井楽漁港を一望できる「白良ヶ浜万葉公園」には、遣唐使船を模した展望台があり、最寄りの道の駅「遣唐使ふるさと館」には遣唐使に関する資料やミニチュアの遣唐使船が展示されている。

[時] 9:00〜18:00(遣唐使ふるさと館)
[交] 福江港・福江空港から車で30分

東シナ海を往来する貿易商をしていた明の王直が、天文9（1540）年に福江島へ来航した。王直から通商を求められた当時の領主・宇久盛定公は、許可して現在の唐人町一帯を居留地として与えたという。王直らが航海の安全を祈るため、居留地に建てた廟堂が明人堂である。今の廟堂は平成11（1999）年に、中国から石材や工人を運んで唐人橋のたもとに建てられ、中国情緒満点だ。

［交］福江港から徒歩15分

現在の唐人町に居を構えた明の貿易商・王直らが、飲料水や船に積む水として使った井戸。井戸枠が六角形に囲んであるのが特徴で、内部の壁面も下まで六角形に組まれている。国道から少し入った住宅の間にぽつんとある井戸は見過ごしてしまいそうだが、倭寇時代の貴重な遺跡である。なお、近くには「王直ゆかりの地」の碑が建っている。

［交］福江港から徒歩15分

岐宿町白石は遣唐使船最後の寄泊地と伝えられ、遣唐使船を係留した「ともづな石」がある。昔はこのあたりまで海で、石ももっと大きかったが、埋め立てによって現在は頭の50cmほどを覗かせるのみとなっている。それでも地域の人たちは祠を造って、漁や航海の安全を祈願するため大切にお祀りしており、たくさんのお供えがほほえましい。素朴な史跡だが、日本遺産「国境の島　壱岐・対馬・五島」の構成文化財である。

［交］福江港・福江空港から車で30分

54 魚籃観音 (五島市　三井楽)

ユーミンこと松任谷由実さんが結婚前の荒井由実だった昭和49 (1974) 年、DJをしていたラジオ番組に一通の手紙が届いた。県立五島高等学校奈留分校の女子生徒からで、「自分たちの学校には校歌がないのでユーミンに作ってほしい」と書かれていた。そこで奈留島の情景をイメージして創り、プレゼントしたのが『瞳を閉じて』である。正式な校歌にはならなかったが、愛唱歌として歌い継がれており、卒業生が島を離れるときには港で蛍の光とともに流されるそうだ。奈留の海辺を思い浮かべながら口ずさむと、名曲が何倍にも良く聞こえてくる。

現在は県立奈留高等学校となった高校の校門を入ってすぐ左手に、ユーミンの自筆で刻まれた歌碑が建っている。除幕式にはユーミンも出席し、感動的なセレモニーだったという。

[交] 奈留港から車で5分

◀高浜トンネルの脇から急斜面の山道を登った崖の上で、海を見守り、大漁と安全の願いを聞く観音様。目尻の下がったおだやかな表情、鯛の籠を手に持つ姿は、近所のおばさんが買い物に出たようで親しみを感じる。観音像からは白砂とエメラルドグリーンが美しい高浜海水浴場や、その向こうの頓泊海水浴場が見え、五島きっての絶景ポイントでもある。

[交] 福江港・福江空港から車で40分

鯨賓館ミュージアム（新上五島町　有川）

五島列島と鯨の関わりを伝える資料館で、江戸時代の捕鯨図や昔の捕鯨・解体道具、鯨のヒゲ板で作った応接セットなどが展示されている。また、鯨の種類や生体がわかる模型もあり、ターミナルに浮かぶミンク鯨の実物大模型と骨格標本は圧巻。上五島の教会と鉄川與助の功績をたどる展示、日本遺産や上五島が生んだ第50代横綱佐田の山関のコーナーもあって興味が尽きない。

[時] 9:00～17:00
[休] 年末年始
[金] 大人210円　小・中学生100円
[交] 有川港ターミナル1階

コラム

捕鯨とカグラサン

「カグラサン」とは鯨のろくろ場のことで、五島列島で捕鯨が盛んだったことを伝える史跡である。かつてはたくさんの鯨が沿岸に生息し、捕鯨は江戸時代から明治時代末期まで続いていた。

鯨を揚げる港には溶岩を組んでろくろを据え、鯨に綱をかけてろくろを回し、引き揚げたという。揚がった鯨はやはり溶岩を組んだ解体場で皮をはぎ、肉や骨を切り分けた。「カグラサン」という不思議な名は、まるで神楽を舞うようなしぐさでろくろを回していたことからついたとか。現在は福江島の柏崎ほか、荒川と小浦にも石組みの跡が見られる。

武家屋敷通りに連なる約400mの高石垣は、独特の構造だ。大きな溶岩の固まりで石垣を築き、その上に「こぼれ石」という丸い小石を積み重ねて、両端をかまぼこ形の石で留めてある。敵が侵入すると小石が転がり、音を立てて知らせる仕組みで、戦の際は内側から投げて敵をひるませる役割も果たした（現在、小石は落ちないように固めてある）

[時] 8:30〜17:00（7〜8月は18:00まで）
[休] 月曜（7〜8月は無休）、年末年始
[交] 福江港から徒歩12分

57 福江武家屋敷通りふるさと館 （五島市　福江）

江戸時代は中級・下級武士の住まいが並び、今も石垣と薬医門が連なる武家屋敷通り。その中でも、市指定史跡の武家屋敷跡を活かして設けられた観光拠点施設だ。展示ホールには城下町の模型や歴史を紹介するパネル展示があり、無料で見学できる。予約すればバラモン凧絵付けや草木染め、ステンドグラスなどの工芸体験も可能だ。史跡庭園を眺めて和室でくつろげたり、五島名物が味わえる喫茶コーナーもある。

58 五島観光歴史資料館 （五島市　福江）

福江城二の丸跡に建ち、かつての天守閣を模した外観が目を引く。縄文時代から遣唐使と倭寇、五島藩時代、キリシタン文化まで、年代順に並んだ豊富な展示で五島の歴史をくまなく学べる。ユニークな民俗行事や古民具の展示も興味深い。1階には五島の特徴を映像で見られるコーナーがあり、クイズ形式で楽しみながら知識を深められる。臨場感たっぷりのバラモン凧揚げや教会探訪など、体感シアターも見ものだ。

[時] 9:00〜17:00（6〜9月は18:00まで）[休] 年末年始　[金] 大人300円　小・中・高校生100円　[交] 福江港から徒歩7分

山本二三美術館

愛用の道具など、実際のアトリエをそっくり再現した部屋。動画で山本二三氏の制作風景も見ることができる。

『天空の城ラピュタ』『火垂るの墓』『もののけ姫』『時をかける少女』など、数多くの名作アニメーションを手がけた美術監督の山本二三氏は、五島市出身だ。山本氏が描いたアニメーションの背景をはじめ、膨大な仕事の一端を間近に鑑賞できる。また、10年の歳月をかけて、生まれ育った五島の風景を描き続けた『五島百景』の絵も展示。美しい絵画を通して、山本氏が故郷に寄せる深い愛情を感じ取れる。

[時] 9:00～18:00
[休] 月曜、年末年始
[金] 大人400円　小・中・高校生200円
[交] 福江港から徒歩12分

文久3(1863)年に建てられた松園邸を改修して美術館に。ふるさと館と向かい合う、武家屋敷のたたずまいも見どころだ。

「翁頭山からの眺め（福江島）」©山本二三

コラム 翁頭山からの眺め　山本二三

この絵は私の「五島百景」からの１枚です。私は翁頭中学校に通っていたのですが、名前の由来の翁頭山（おうとうざん）にいつかは登りたいと思っていたので取材を兼ねて行きました。左手側が福江の街で、昔は深江と言っていたみたいです。祖母が「深江のお寺さんの掃除に行って来る」と毎回言っていたので、なまっているのかなと子どもの時は思っていました。右手に鬼岳が見えますが小・中学生の頃遠足に行き、手造りの草そりに蝋（ろう）を塗り滑って遊んでいました。懐かしく、美しい風景です。

「空と雲の部屋」は五島列島を俯瞰するイメージの展示室。壁面や天井はもとより、雲形のソファなど細部にまで天空の趣向を凝らしてある。

60 上五島国家石油備蓄基地（新上五島町 青方）

青方港と向かい合い、入江に浮かぶ洋上タンク式の基地。浮式防油堤に囲まれて5隻の貯蔵船が係留されている。ここには日本の石油需要7日分に当たる440万klの原油が貯蔵され、フェリーや対岸の高台からそのスケールを眺められる。なお、新上五島町石油備蓄記念会館1Fには基地を紹介する『エネルギー発見館　カピィ・プラザ』があり、無料で学習できる。

カピィ・プラザ [時] 10:00〜18:00
[休] 水曜、年末年始
[交] 青方港から車で15分

61 若松大橋（新上五島町 若松）

平成3（1991）年に完成した若松島と中通島を結ぶ全長522mのトラス橋で、西海国立公園・若松瀬戸に架かる。橋の両側に展望所を持ち、複雑な入江や魚の養殖場、渦巻く潮を縫って大小の船が行き交うシーンは見飽きない。船から橋を見上げる眺めもダイナミックだ。

[交] 若松港から車で5分

62 浮体式洋上風力発電はえんかぜ（五島市 崎山沖）

風車タワーを海底に係留して発電する設備で、1基が定格出力2,000kwを発電できる。崎山漁港の沖合にて国内初の実用化が進められ、低炭素社会の実現に向けて現在は8基を追加設置中だ。日暮れには風車がオレンジ色に輝き、幻想的な光景である。

[交] 福江港から車で15分（崎山漁港まで）

五島コンカナ王国

鬼岳温泉(五島市　上大津)

五島コンカナ王国ワイナリー&リゾートの中にある、ナトリウム・カルシウム・マグネシウム塩化物泉。空気にふれると鉄分が酸化して湯が赤くにごり、露天風呂はいかにも効きそう。ホテル内の施設なので、宿泊客のみ利用可。

[交] 福江港から車で15分

荒川温泉(五島市　玉之浦)

奈良尾温泉センター(新上五島町　奈良尾)

のんびりした漁村にある地域福祉センター内の施設で、地元の人には一番人気の温泉。江戸時代後期に湧出したという歴史を持ち、60～70度のナトリウム・カルシウム塩化物泉がこんこんと湧く。神経痛、冷え症、切り傷などに効くといわれ、センター前の荒川バス停前には無料の足湯もある。

[時] 9:00～20:30(足湯は17:00まで)
[金] 大人300円　小・中学生150円　[交] 福江港から車で35分

五島灘と奈良尾港を一望できる高台にあり、日中はガラス越しに開放的な眺めを楽しみながら湯に浸かれる。ナトリウム・カルシウム塩化物泉のさらりとした湯だ。

[時] 13:00～19:00　[交] 奈良尾港から車で5分
[金] 中学生以上800円(町民400円)
　　 60歳以上、小学生400円(町民200円)

富江湾を望む温泉レジャー施設で、慢性消化器疾患、冷え症、筋肉痛などに良いナトリウム・カルシウム塩化物泉を大浴場や打たせ湯、露天風呂などで満喫できる。プール・食事処・農産物直売所も設置され、休日には地元の人で賑わう。

[時] 10:00～21:00　[休] 水曜(夏休みは無休)、1月1日
[金] 大人520円　65歳以上、高校生310円
　　 小・中学生210円　3～6歳100円
[交] 福江港から車で30分

富江温泉たっしゃかランド(五島市　富江)

五島の花（シマシャジン、サキシマフヨウ、アブラギリ、サクラ、コスモス、アジサイ）

シマシャジン（キキョウ科）　島沙参

9月下旬から11月にかけて、釣り鐘形で青紫の可憐な花を咲かせる。世界でも長崎の五島市・平戸市、韓国の済州島でしか見られないうえに数が少なく、環境省の絶滅危惧種に指定されている。海風を好む多年草で、五島市では玉之浦の大瀬埼灯台に至る遊歩道の斜面に咲く。通常は草丈が30cm近く伸びてスズランのように房咲きするようだが、五島ではせいぜい10cm程度で、花も小さい。いくら海風が好きだといっても、大瀬埼は風が強すぎるのだろうか。

しかし、灯台への山道をゼィハァいいながら20分ほど歩き、ようやく出会う青紫の花はひときわ愛おしく、「こんなところでよく咲いてるなぁ」と感動を覚える。

サキシマフヨウ（アオイ科）　先島芙蓉

夏の終わりごろから10月ぐらいまで咲き続ける、フヨウの花。沖縄から台湾あたりでよく咲く花だが、五島では福江島の玉之浦町や三井楽町の海岸付近でしか見られない。特に高浜海水浴場の近辺によく咲いており、このあたりがサキシマフヨウの北限だという。普通のフヨウよりはハイビスカスに近く、ピンクの色味が濃い花である。

5月の連休明けから6月にかけて、あちこちの山が白くかすむ。アブラギリがいっせいに開花するのだ。アブラギリは白い花をびっしり咲かせて、サクラよりボリュームがある。近寄って見ると、花の芯は黄色または赤色で、そこがまたかわいらしい。

アブラギリ（トウダイグサ科）　油桐

サクラの名所はたくさんある。五島市崎山地区の箕岳園地は、サクラの向こうに鬼岳が望める。五島市奈留島の宮の森総合公園では、ライトアップもある。新上五島町では龍観山展望所の展望広場。入江の絶景とサクラが同時に満喫でき、お弁当を広げる人も多い。一足早いサクラを楽しむなら、五島市奥浦町のカワズザクラがいい。このほか、五島人はそれぞれにお気に入りの花見スポットを持っている。

サクラ（バラ科）　桜

コスモス（キク科）　秋桜

五島市岐宿の魚津ヶ崎公園は、9月下旬から1ヵ月間はコスモス畑になる。塩害などで不調な年もあるが、のべ11,000㎡一面に約160万本が咲きほこる様子は圧巻だ。ピンクのグラデーションに埋もれるファンタジーを体感できる。10月中旬には「魚津ヶ崎コスモスまつり」もある。

春には一面の菜の花に染まる、五島市岐宿の魚津ヶ崎公園だが、6月にはアジサイが七色の花で楽しませてくれる。6月中旬には「あじさいまつり」も開催される。また、五島市富江の鐙瀬ビジターセンター前にも、道路沿いに大きな花がもりもり咲くあじさい園がある。

アジサイ（アジサイ科）　紫陽花

日本では古来より藪椿が自生しており、冬の広葉樹林に彩りを添えていた。五島でも椿は多く自生し、昔から油を絞って食用にしていたそうだ。園芸品種としても改良が進み、昭和52（1977）年には五島椿愛好会が発足。育成の技を磨き、山へ分け入って珍しい品種を発見して増やし、全国各地の名花を五島の人々に紹介してきた。

中でも五島の誇る名花が「玉の浦」である。濃い紅色に白い縁取りがあでやかで、シベの黄色も美しい。この花は昭和22（1947）年に玉之浦町父岳で発見されて注目を集め、世界中に子孫が広がっている。

五島では山はもちろん、庭木などにも当たり前に椿が咲いている。鬼岳の北東には「鬼岳樹木園」「五島椿園」が整備され、鬼岳樹木園には五島の名花を集めた椿ゾーンがあり、五島椿園には259種・約2,800本の椿が植えられている。五島市産業振興部農林課の椿・森林班が管理に当たり、丹念に手入れして椿の保存・発展に努めている。この活動が評価されて、国際ツバキ協会から国際優秀つばき園に認定された。

圧搾した油を布でこし、さらに和紙でこす。

絞った油を生成して純度を高める最後の工程。

1kgの種から油は350mlとれる。

コラム 椿油の加工

　夏の終わりから、たわわにつけた実を収穫し、種を取り出して乾かす。10月には道路のあちこちに、種を広げて干すのどかな風景が見られる。乾燥させた実は製油所に集められ、油を絞るのだ。この時期、製油所にはたくさんの種が持ちこまれ、計量して買い取られる。見学させていただいた製油所では、枡で量ってお金を渡すおおらかな商いが見られた。

　集められた種はくだいて蒸すか焙煎し、圧をかけて絞る。取れた油をさらにろ過し、物によっては加熱して水分を飛ばし、純度の高い椿油を精製するのだ。長崎で産出される椿油の7割は五島産だそう。

　出来上がった椿油は、髪の艶を出すのに最適。食用油は天ぷらがとてもおいしく揚がる。また、石けんやシャンプー、化粧品などさまざまに加工されている。取材先は京都祇園の老舗の加工所で、舞妓さんの鬢付け油になるとのこと。あでやかな日本髪に、五島椿が息づいている。

66 ヘトマト（五島市　福江）

下崎山地区に伝わる民俗行事で、まず、白浜神社にて奉納相撲が行われ、新婚女性が酒樽に乗って羽根つきをする。その後、ヘグラと呼ぶススを体に塗りたくった若者たちが、柄のついた藁玉を奪い合う「玉せせり」や、青年団と消防団が豊作か大漁かを占って綱引きをする。最後に長さ３ｍもある大草履を若者が担いで山城神社へ奉納するが、道すがら若い女性を捕まえては上に乗せ、胴上げするたびに歓声が上がる。賑やかな奇祭で、国の重要無形民俗文化財に指定されている。

［時］1月第3日曜　　［交］福江港から車で15分（白浜神社）

67 オーモンデー（五島市　嵯峨島）

大陸から伝わったとされる、800年以上の歴史を持つ念仏踊りで、嵯峨島のお盆を彩る行事。県の無形民俗文化財に指定されている。鉦叩きの音に合わせて、十数人の踊り手が黄色い腰布に蓑、頭には金銀五色の紙で飾った兜をつけ、太鼓を叩きながら舞う。哀調を帯びた歌唱や振り付けがエスニックで、大陸の文化を色濃く感じる祭だ。千畳敷と呼ばれる海食崖地で舞うほか、初盆の家を訪問したり、墓場でも舞われる。なお、「オーモンデー」とは歌詞の一部である。

［時］8月13〜15日　　［交］貝津港から嵯峨島港まで船で20分

オーモンデーと同じ念仏踊りで、富江町の山下地区と狩立地区で行われる。山下では成人男性約25人が鉦を叩いて歌い、中学3年生から高校生の男子15人ほどが輪になって踊る。狩立では鐘と歌に合わせて、約10人がカラフルな笠をかぶって太鼓を叩きながら舞う。装束や振りは違えど、ともに亡き人を賑やかに送って極楽へ旅立ってほしいという願いがこめられている。

[時]8月13〜14日　[交]福江港から車で30分

68 オネオンデ（五島市　富江）

69 チャンココ（五島市　福江）

五島市街の上大津と下大津に伝わるお盆の念仏踊りで、期間中は地区の随所で見ることができる。襦袢に腰蓑をつけ、あでやかな花笠をかぶった男性が鉦の音と歌に合わせて、太鼓を叩きながら踊る様子に南国情緒があふれる。不思議な名は「チャン」が鉦の音、「ココ」は太鼓の音ではないかといわれ、県の無形民俗文化財に指定されている。

[時]8月13〜15日　[交]福江港から車で10分

70 福江みなとまつり（五島市　福江）

福江の商店街をメイン会場に、賑やかで多彩なプログラムが続く五島市きっての大祭だ。両日ともパレードやフラダンス、五島さのさが行われ、市民総出の踊りがあり、花火も打ち上がる。まつりのハイライトは、昭和52（1977）年に青森から導入されたねぶた。遣唐使や倭寇など五島らしいテーマで、巨大なねぶたが10基以上も練り歩くさまは圧巻だ。

[時] 10月29〜30日
[交] 福江港から徒歩5分

三井楽万葉まつり 71

西の果ての浄土「美弥良久(みみらく)」といわれた、万葉の時代に思いをはせるまつり。午前中は白良ヶ浜万葉公園にて、午後からは五島市三井楽町公民館で開催され、万葉衣装をまとっての撮影会や万葉カルタ大会、獅子舞や雅楽コンサートなど盛りだくさんな内容だ。遣唐使船を模した展望台の周辺には彼岸花が咲きほこり、雰囲気を盛り上げてくれる。

[時]9月のお彼岸ごろ　[交]福江港・福江空港から車で40分

72 バラモン凧

バラモン凧ができるまで

1 竹を乾燥させる
　竹を伐って防虫処理を施し、陰干しする。ナタで大まかに割り、1〜2年乾燥させておく。

2 骨組みの準備
　しっかり乾いた竹をきれいに削り、それぞれの部位に合わせて必要な長さにカットする。

3 骨を組み上げる
　頭・胴・手となる部品を組んでつなげる。さらに、みみ・掛け骨・横骨を組みつけていく。左右対称になるよう、寸法を確認しながら組むのが重要！

4 骨に布を張り付ける
　本来は紙だが、揚げたときに破れやすいので布を用いる。布に組んだ骨を置き、糊しろの余白2〜3cmほどを取って裁断。余白に切り目を入れて骨に沿わせ、糊をつけて貼る。

5 凧に下書きする
　鉛筆で下書きをする。きちんと左右対称に描くのがポイントで、全工程で最も難しい。

6 彩色を施す
　好きな色合いで塗っていく。五島民芸では鮮やかさを表現するため、深みのある赤にこだわっている。

7 凧に根糸をつける
　竹に針で穴をあけ、根糸を通す。角度を調整し、まとめてしばる。

8 うなりを作る
　細い木の中心から外側へ薄く削り、両端に糸をつけて弓状になるよう組む。

9 うなりを取りつける
　凧本体に針金や銅線などで土台を取りつけ、土台の角度に沿ってうなりをつける。外れないように、針金や銅線でしっかり固定する。

10 尻尾を取りつける
　最後に、凧本体の7〜8倍の長さに縄をカットして尻尾を作り、凧につける。バランスを取るためには、凧の大きさに対する縄の長さが大事だ。

※五島民芸の製造工程で、作り手によって製法や工程は異なる。

五島の風土を象徴する工芸品、バラモン凧

　バラモン凧はおそらく江戸時代ごろから福江島で作られている、歴史ある凧だ。名前は五島の方言「バラか」に由来する。「バラか」とは「荒々しい、向こうみずな、元気者」などという意味で使われる言葉だ。

　絵柄は、頭が鬼、中段が兜のしころ（鉢につけた頸部から肩を防御する覆い）、下段が嵐など荒れる空を表現している。鬼に兜を咥えられても、撤退せず前へ前へと進み続ける武者、けっして敵に後姿を見せない勇猛さを表しているのだ。鬼は人間が勝てる相手ではないのに、それでも立ち向かう…このように雄々しい者を「あの人はバラかね」というそうで、勇ましい絵柄からバラモン凧といわれるようになった。

　五島には、子どもの初節句にバラモン凧を作って揚げる習わしがある。凧を作るのは一家の祖父または父親で、孫（子）の健やかな成長と厄払

いの願いがこめられる。天高く舞い上がるバラモン凧は、取りつけた「うなり」がブンブンと鳴り、この音で厄払いをするのだという。

　五島人にとってバラモン凧は縁起物であり、勇気をくれるものでもある。5月3日には鬼岳園地でバラモン凧揚げ大会が開催され、青空に威勢の良いうなりが響いて島民を元気づける。

福江港のバラモン凧

バラモン凧に下絵を描く、五島民芸の3代目・野原一洋さん。

コラム バラモン凧職人

　昔から家で手作りされていただけに、凧を製作販売しているのは五島市上大津の「五島民芸」だけだ。もとは福江空港ができたとき、空港関係者の親戚から「五島らしいお土産が作れないだろうか」と相談されたことに始まる。話を受けた野原権太郎さんは、得意だったバラモン凧はどうかと考え、五島民芸を立ち上げて長崎県伝統的工芸品に指定されるまでになった。子どものころから祖父・権太郎さんと父の仕事を手伝っていた野原一洋さんは、二人が次々と病に倒れたあと、本格的に店を継いで5年になる。

　手の平サイズから4mほどある巨大な凧まで、大きさも絵柄もさまざまなバラモン凧。ほとんどの人が装飾用に買い求めるが、自作が難しいので買う人もいる。そんな人から「よく揚がったよ」といわれるのが何よりうれしいと、野原さん。やはり大空に映えてこその凧だから、デザインはもとより、左右のバランスや尻尾に気を使って"揚がる凧"を製作しているからだ。

　凧は一枚一枚すべて手作りだ。初節句祝いには下段に子どもの名前を入れる依頼があり、野原さんは健やかな成長を祈りながら名入れをする。凧を見つめる、野原さんのまなざしは真剣だがとても優しい。

　なお、工房では野原さんが製作しているときなら、丹念な作業を間近で見学できる。

[時]9:00〜17:00　[休]年末年始　[交]福江空港から車で2分

73

真珠養殖（五島市　奈留島）

波がおだやかな奈留の入り江に浮かぶ真珠いかだ。

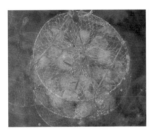

膨大な数のネットについたフジツボなどを、叩いて落とす作業の合間に一息。

長崎県は真珠の養殖が盛んで、生産量は愛媛県に次いで第2位だ。そんな長崎県に平成15（2003）年、三重県から移住してきたのが清水多賀夫さんだ。当時は全国の真珠生産地がウイルスでやられ、水のきれいな場所を探し求めて、汚染されていない漁場を持つ奈留島へ来たという。「奈留島の水質は大玉真珠を育てるのに適し、何より良質の天然アコヤガイが生息していたのが決め手」と、清水さん。五島列島では唯一の真珠養殖場である『多賀真珠』の特徴は、天然アコヤガイを稚貝から育て上げて挿核していることだ。現代はほとんどが母貝を人工的に栽苗するなか、希有な存在である。そして、時間をかけて直径11mm以上の大玉を作っている。通常の真珠は7～9mmだが、多賀真珠は13～14mmの真珠も生産できるのだ。つまり、奈留島の真珠は日本一の大きさを誇る。

安定生産できるまでは試行錯誤の繰り返しだったが、磨き上げた真珠養殖の技術を活かし、現在はペットの遺骨を核にした真珠作りにも取り組んでいる。1年半、アコヤガイのゆりかごで大切に育まれた遺骨は、虹色に光る真珠「虹の守珠（販売元：ウービィ株式会社）」となって飼い主の元へ戻るのだ。愛おしい想いが真珠の輝きに生まれ変わる技を、奈留の海が支えている。

［時］9:00～17:00　［休］年末年始　［交］奈留港から車で10分

奈留島に移り住んで多賀真珠を立ち上げた、清水多賀夫さん。

ワインの品評会サクラアワード2022で、「スパークリングワインキャンベル・アーリー」は銀賞を受賞。「キャンベル・アーリー」はおだやかな甘みのミディアムボディだ。

日光と潮風をたっぷり受けて育つブドウたち。

鬼岳を望む上大津に、五島コンカナ王国というリゾートホテルが建つ。広い芝地にコテージが並び、南国ムード満点だ。その一角にある「五島ワイナリー」は長崎県で最初にできた、長崎県初の自醸ワイナリーというだけでなく、日本最西端ワイナリーでもある。

ニュージーランド出身のアーロン・ヘイズさん。

誕生したのは平成26（2014）年で、当初は国産ブドウを仕入れていたが、現在は自社栽培のブドウを増やして、約2.5万本のワインを自家醸造している。火山灰土壌で水はけが良く、日照時間が長い、潮風がミネラル感をもたらすというメリットを活かしたブドウ栽培が実を結んだのだ。とはいえ五島は高温多湿で台風も来るため、本来は冷涼な気候を好むワイン用ブドウの栽培は難しい。実際に訪れたときも、白ワイン用ブドウが台風で壊滅状態となり、ようやく新しい実が実り始めたところだった。

オーストラリアで経験を積み、6年前から醸造長を務めるアーロン・ヘイズさんは、「五島の気候は難しいが、ボルケーノはおいしいブドウを育む。キャンベル・アーリーは強いし、ナイアガラは繊細な味わい。サクラアワードで『スパークリングワインナイアガラ』が最高賞を受賞したときは本当にうれしかった」という。

「ブドウそれぞれの個性を大事にした、ブドウの味に添ったワインを造りたい。年ごとに出来が違うブドウと向き合うのは、チェスゲームのようで面白い」とのこと。五島ならではの椿酵母を使い、いずれは全量五島産ブドウで、ここにしかないワインを届けたいと願っている。

［時］10:00〜18:00（変更あり）　［休］火曜日・水曜日・年始（変更あり）
［交］福江港から車で15分

五島列島酒造

（五島市　三井楽）

バラモン凧が舞う、島内限定ラベルの『五島バラモン』。価格は720mlと同じで容量は900ml、島内だけのお買得焼酎だ。五島産の二条大麦に五島産麦麹を使った100％五島産の麦焼酎。ふくよかな味わいに島の心がとけこんでいる。

五島は農業も盛んで、麦やサツマイモをたくさん生産している。いっぽうで農業に魅力を感じられず、跡を継がない若者も増えていった。麦はビール工場へ、サツマイモは食用に販売するが、それだけでは余るし何か加工できないか。魅力ある産業で農業を盛り上げられないかと考えて行き着いたのが、焼酎だった。豊かな大地が育んだ畑の恵みで、みんなが日常的に愛飲する焼酎を造ろう…そこから同志数人が集まって平成21（2009）年に酒造会社を作り、翌年には製造免許を取得して出荷を始める。3年後には福岡国税局酒類鑑評会・本格焼酎の部にて『五島麦』が大賞を受賞するまでに成長した。

開業時から焼酎造りにたずさわる、杜氏の谷川友和さん。

芋はくどさがなく甘い香りの飲みやすい焼酎、麦は原料の香ばしさが生きた風味の良い焼酎である。また、椿酵母を使った華やかな香りの麦焼酎『五島椿』もある。それぞれ安全でおいしい五島産にこだわり、麦麹も水もすべてが100％五島産。島の心がとけこんだふくよかな味わいだ。

当初は余剰する農産物を消費するためだったが、焼酎が好評を博して原材料が不足し、今では契約栽培してもらっているそうだ。「島民はもとより、訪れた人もグラスを傾けるたびに五島の人情や風景を思い出してほしいと思いながら造っている」と、杜氏の谷川友和さん。蔵は、予約すれば工場見学もできる。

［時］9:00～17:00　［休］日曜・祝日　［交］福江港・福江空港から車で40分

『紅さつま 五島灘』は、契約栽培した甘みの濃い紅さつまと米麹で造った焼酎。まろやかな旨みを残すために手作業で表面の油だけをすくい、無濾過で瓶詰めしている。香り高い芋焼酎で、五島では蔵だけで販売。全国の特約店でも扱っている。

人口が減り、田畑が荒れて雑草だらけになるのが無念だと、先代社長が平成19 (2007) 年に五島初の焼酎蔵を立ち上げた。「農業は、人間の原点である」「芋文化を再興させる」という考えで町の農家と協力し、サツマイモ栽培から焼酎を造る方針を固める。そして狭い圃場を開墾して土壌を改良し、苗を植え、安全な病害虫の防除を考えながら栽培面積を増やしていった。同時に醸造・蒸留の技を磨き、焼酎を絞った後のカスは畑に肥料として撒いて還元している。農業における土くさい努力を、仕込みの繊細な造りにつなげているのが『五島灘』なのだ。

原材料の芋にも徹底したこだわりを見せ、たとえば明治時代に伝わったが作り手がいなくなった幻のサツマイモ・金ぼけを探し求め、わずかに保存された親芋を分けてもらって増やして造ったのが『明治之芋 五島灘』だ。伝統品種の復活と継承に力を入れ、また原料によって黒麹と白麹を使い分けたり、新酒や無濾過など、あらゆる芋焼酎の旨さを追求している。

蔵人の原知也さんは東京生まれで、各地に滞在したあと五島が気に入って移住。村おこしイベントで五島灘酒造を知り、情熱に感動してここで働くようになった。「畑を開墾して芋を育て、五島の誇りを全国へ届けるのがやりがい」という。現在は「農醸合一」というスローガンのもと、百年後の島の風景に芋畑がなじんでいるよう、「やがて風景になる"ものづくり"」を目指している。なお蔵は、予約すれば工場見学もできる。

[時] 8:00～17:00　[休] 土曜・日曜・祝日　[交] 有川港から車で6分

自社の芋畑で自慢の焼酎を手にする、蔵人の原知也さん。

口あたりも喉ごしも
極上の五島うどん

五島うどん

しなやかに細く、つややかで、噛めばしっかりコシを感じる五島うどん。ルーツをたどると、遣唐使が持ち帰った索麺の製造方法が上五島に伝わったのではといわれている。江戸時代末期から明治時代にかけて小麦粉がたくさん流通するようになり、上五島各地に広がったようだ。

五島うどんは、小麦粉に塩と水を加えて練り上げ、踏んでコシを出す。そして紐状に延ばし、2本の棹にぐるぐる巻きつける。そこに箸を入れてさばきながら引っ張り、延ばしてゆくのだ。一般的なうどんは打ち粉をして麺棒でのして細く切るが、五島うどんは椿油を塗って長く延ばす。椿油のおかげで、ツルツルと喉ごしの良いうどんができあがるのだ。また、椿油はオレイン酸を含むので、酸化しにくく体に良いのだという。さらに、油のコーティングで茹でても湯を吸いにくく、コシが長続きするそうだ。

長い伝統に裏打ちされた技、厳選した素材が醸すおいしさを堪能するには「地獄炊き」が一番。グラグラと沸いた湯の中でうねるうどんは、まさに地獄の釜で茹でられているようだ。茹で上がった麺は「うどんすくい棒」で引き上げ、あごだしのつゆで食べる。小麦の風味が生きるうどんにあごの風味がまとわり、シンプルなのに奥深い。一気にすすりこめば、日本三大うどんの一つに数えられる理由が納得できる。

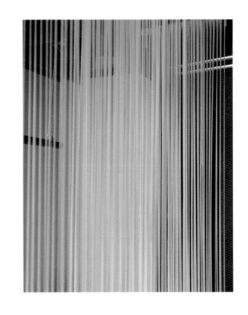

五島で最も古い製麺所で、大正8年(1919)年創業から100年以上、五島うどん一筋である。4代目の太田充昭さんは、22年前からうどん作りに従事している。「幼いころから、94歳までうどんを作っていた祖父を見ていて、大きくなったら一緒にやるんだと思っていました」と、太田さん。

青方のあたりは水が良く、気候風土もうどん作りに適している。長崎県産小麦を配合してうどんを作るが、季節によって異なる気温や湿度にふさわしい水分・塩分を調整するのが難しいそうだ。夏は水の温度を下げて塩は多め、冬はその反対というように、日々、調整が必要なのだ。「加減が変われば昨日と全く同じうどんは作れないし、その日できたうどんとは一期一会。そこが楽しく、面白い」とのこと。繊細なのにコシがある五島うどんは一家の歴史でもあり、この味を求めて全国から注文が来る。

モダンに改装された店内には五島うどんやあごだしが並び、店舗でのうどん作りと地獄炊き体験を希望するならお問い合わせを。

[時] 9:00〜17:00 [休] 不定休 [交] 青方港から車で5分

太田製麺所4代目の太田充昭さん夫妻。

土産物店と飲食店からなる施設で、飲食店「遊麺三昧」は五島手延うどん協同組合の直営だ。壁面には五島うどんの製造工程を紹介するパネルやフィギュア、実際に使われていた道具などが展示され、注文したうどんを待つ間に見るのも楽しい。

鍋で茹で上げられた五島うどんにあごだしのつゆ、玉子と薬味がついた「地獄炊きうどん」で本場の味を堪能でき、捕鯨で栄えた町らしく鯨串カツなどもある。

[時] 11:00〜14:30 [休] 月曜・年末年始・盆明け
[交] 有川港から徒歩3分

海の幸

四方を海に囲まれた島だけに、四季おりおり、さまざまな魚介類が捕れる。中でも春のキビナゴ、アオリイカ、ウニ、伊勢エビ、夏のマアジ、トビウオ、カツオ、秋のカマス、マサバ、冬のクエ、カワハギ、ノドグロなどはとびきりの美味。また養殖も盛んで、マグロ、ヒラマサ、ブリなどは旬の天然物に引けを取らない味わいが人気である。舌でとろけるようなマグロのトロ、甘くてプリプリした伊勢エビなど、一度は味わいたい。

かっとっぽ

「かっとっぽ」とはハコフグのことで、ハコフグを器にした焼き物だ。硬い皮を腹の部分だけ切り取り、内臓を出す。そこに肝と薬味を混ぜて調味した味噌を詰めて焼き上げる。味噌のおこげが香ばしく、ご飯や焼酎の供にぴったりだ。食べ終わってひっくり返せば、ちょこんとついたヒレや尻尾、とがった口がユーモラスな珍味である。もとは新上五島町の郷土料理で、五島列島の和食店などで味わえるが、店によって味噌の味が異なるところがミソ。

あごだし

夏から秋にかけて、五島の海を飛び交うトビウオ。その小魚を焼いて干したあごだしは、五島うどんに欠かせない。小魚で作るので脂が少なく、コクがあるのに生臭みを感じない。黄金色に輝くだしは、あっさりした風味がしみじみおいしい。

すり身を使った蒲鉾や天ぷら、アジのみりん干し、キビナゴやトビウオの一夜干しなども、お土産に最適。

キビナゴ

ニシン目キビナゴ科の小魚で、水のきれいな海に群れをなして生息する。新鮮なキビナゴは刺身が一番で、天ぷらもいい。地元では「いりやき」という醤油ベースの鍋が定番。

ウニ

五島のウニはムラサキウニで、アオサを食べて育つ。小ぶりで少ししか取れないが、濃厚で甘みが強く、口の中にまったり磯の香りが広がる。生ウニは初夏だけのお楽しみだ。

ちゃんぽん
五島の食堂ならたいていメニューにあり、専門店もある。豚骨や鶏ガラだしに和風だしを加えたスープ、太めの麺、ふんだんな野菜が魅力で、しつこくなくて食べあきない。

リンゴパン
五島のローカルパン。ふわふわのパンにバタークリームとグラニュー糖を挟んだものや、リンゴの甘煮を加えたもの、ブッセのようなものまで店によって形状も味もさまざま。けれども一様に「リンゴパン」という名で親しまれている。

かんころ餅
五島に移り住んだキリシタンが、痩せた土地でも育つサツマイモを栽培したのがルーツという。秋に収穫した芋を茹でて干し、戻してもち米と一緒に搗き上げたのが「かんころ餅」だ。素朴な甘さが郷愁を誘い、焼いても香ばしくておいしい。

豆ようかん
新上五島町奈良尾に伝わる郷土菓子。あっさりした甘さと淡い塩味で小豆の風味が際立つ。素朴であとをひくおいしさだ。

鬼鯖寿司
身が大きく脂のりが良いことから、名峰・鬼岳にちなんで「鬼鯖」と呼ばれる五島のマサバ。新鮮なマサバを酢で締め、棒寿司に仕立ててあり、分厚い身が口福を呼ぶ。

五島牛
島で放牧され、潮風に育まれたミネラルたっぷりの牧草を食べて育つ黒毛和牛。頭数が少ないため「幻の和牛」といわれる。畜産家が家族のように愛情と手間をかけて育てており、香りが良くて肉質はやわらかく、適度なサシが特徴だ。

世界遺産とは

　世界遺産は、世界中の人々が大切に守ってきた非常に価値ある建物・遺跡・自然のなかから、ユネスコの世界遺産委員会で決めた「世界遺産条約」にしたがって選ばれる。正式に登録された物件は現在、世界中に1,154件存在（2022年8月現在）する。これらはすべて、地球の生成と人類の歴史によって生み出され、過去から現在へと引き継がれ、未来の世代へと引き継いでいくべき人類共通の宝物である。

　日本には25の世界遺産があり、そのうち平成30（2018）年に記載された「長崎と天草地方の潜伏キリシタン関連遺産」に含まれる構成資産は次の通りだ。

　潜伏キリシタンの文化的伝統が形成される契機となる出来事が考古学的に明らかにされている原城跡、潜伏キリシタンがひそかに信仰を維持するために様々な形態で他の宗教と共生を行った集落（平戸の聖地と集落・天草の﨑津集落・外海の出津集落・外海の大野集落）、信仰組織を維持するために移住を行った離島部の集落（黒島の集落・野崎島の集落跡・頭ヶ島の集落・久賀島の集落・奈留島の江上集落（江上天主堂とその周辺））、潜伏キリシタンの伝統が終焉を迎える契機となった出来事が起こり、各地の潜伏キリシタン集落と関わった大浦天主堂。

日本遺産とは

　文化庁が、地域の歴史的魅力や特色を通じて我が国の文化・伝統を語るストーリーを「日本遺産（Japan Heritage）」として認定し、ストーリーを語る上で不可欠な、魅力ある有形・無形の文化財群を総合的に活用する取り組みを支援している。世界遺産や文化財と異なるのは、地域に点在する遺産を「面」として活用し、発信することで地域活性化を図ろうとしていることだ。

　長崎県は「国境の島　壱岐・対馬・五島～古代からの架け橋～」が認定され、五島における対象文化財は次の通りである。

三井楽（五島市　国名勝）
明星院本堂（五島市　県有形文化財）
大宝寺（五島市）「西の高野山」
ともづな石（五島市）
日島の石塔群（新上五島町　県史跡）
遣唐使史跡－姫神社跡、姫神社、ともじり石、御船様、錦帆瀬、三日ノ浦（新上五島町）
最澄ゆかりの山王信仰－山王山、青方神社（新上五島町）

ジオパークとは

　地質・地形から地球の過去を知り、未来を考えて活動する場所であり、地球がどのようにできあがってきたかを探るのに有益な地質を有するエリアだ。日本ジオパーク委員会が認定する『日本ジオパーク』は46地域ある（2022年5月現在）。

　五島列島（下五島エリア、五島市）は、日本最西端のジオパークである。日本列島と大陸の間に位置して四方を海に囲まれた島々で、約2200～1700万年前に大陸の砂と泥が川や湖で堆積した五島層群と呼ばれる地層が基となっている。その後、火山の噴火によって火山台地が形成された。地質・地形・立地などから多様な生態系や多種の魚に恵まれ、大陸と関連する歴史や文化が数多く存在するとして令和4年（2022）1月28日に認定された。

キリシタンの歴史

日本におけるキリスト教の歴史は、フランシスコ・ザビエルによって始まった。ザビエルはイエズス会というカトリック修道会メンバーの一人で、来日してから2年3ヵ月にわたり宣教活動を行った。

九州の諸領主が改宗してキリシタン大名となり、織田信長は信仰を保護したが、豊臣秀吉は勢力の強大化を恐れて規制。伴天連追放令を出したが、信仰はひそかに続いていた。江戸時代に入ると海外の軍事力を恐れ、在来宗教による地域支配などの理由から、さらに厳しく制圧されるようになる。多くの宣教師が殉教または追放され、日本のキリシタンは「潜伏キリシタン」として独自に信仰を深めていった。

18世紀末に、大村藩と五島藩が移住の協定を結ぶ。島の土地を開墾したい五島藩が、人口が急増する大村藩に依頼して、外海地区（現・長崎市北西部）から大勢の農民が五島へ来島したが、その多くが潜伏キリシタンだった。こうして五島の、特に野崎島・頭ヶ島・久賀島では潜伏キリシタンの集落ができあがった。このとき貧しい移民が飢えをしのぐために、サツマイモ栽培を広めたとも伝わる。

鎖国が解かれて開国し、明治時代になっても、禁教令はそのままだった。大浦天主堂が献堂され、キリシタンが信仰を表明するようになったが、その反動で明治政府は組織一掃の摘発を始める。これが「崩れ」と呼ぶ、激しい拷問弾圧である。五島における「牢屋の窄」がヨーロッパから非難を浴びて、ようやく禁教令が解かれ、五島にも教会が建設されるのは明治14年のことだった。

天文18（1549）	フランシスコ・ザビエルら鹿児島に到着
天文19（1550）	平戸にポルトガル船来航、ザビエルが平戸で布教
永禄6（1563）	大村純忠が洗礼を受けてキリシタン大名出現。ルイス・フロイス来日
永禄12（1569）	フロイスが織田信長から保護状を得る
天正7（1579）	巡察師ヴァリニャーノ来日
天正8（1580）	長崎がイエズス会領となる。有馬にセミナリオ開設
天正10（1582）	天正少年遣欧使節が長崎を出発。本能寺の変で織田信長没
天正15（1587）	豊臣秀吉が伴天連追放令を発布
天正19（1591）	ヴァリニャーノが前年帰国した少年遣欧使節と秀吉に謁見
慶長1（1596）	サン・フェリペ号事件、秀吉がフランシスコ会宣教師を捕縛
慶長2（1597）	フランシスコ修道会6名を含む26聖人が殉教
慶長19（1614）	江戸幕府が全国に禁教令、高山右近と宣教師らマカオへ追放
元和2（1616）	徳川秀忠が禁教を強化、以後、京都・長崎・大阪で大殉教
寛永14（1637）	天草・島原の乱発生
寛永16（1639）	鎖国。宗門改めを強化しキリシタン弾圧が激化
寛政2（1790）	浦上一番崩れ、以後各地でキリシタンが投獄される
嘉永6（1853）	ペリー来航、翌年に日米和親条約を締結し鎖国終了
元治1（1864）	大浦天主堂献堂
慶応1（1865）	プチジャン神父来日、大浦天主堂内で浦上信徒が名乗り出る
明治1（1868）	明治政府が高札を立ててキリシタン禁制を徹底。五島崩れ（牢屋の窄）
明治3（1868）	キリシタンが捕らえられ各藩に配流される
明治6（1870）	禁制の高札撤去、浦上のキリシタンが配流から釈放
明治14（1881）	久賀島に教会（旧五輪教会堂）が建設される

ひそかに信仰を続けるため、表向きはお寺や神社にお参りしていた信徒も少なくなかった。新上五島町の有福島には、潜伏キリシタンが集ったと伝えられる神社がある。

【潜伏キリシタンとかくれキリシタン】

キリスト教へ改宗した人々のことを、ポルトガル語由来の「キリシタン」という。キリスト教禁教期の日本で、表向きは日本の神仏を信仰し、ひそかにキリスト教の信仰を続けていた人々のことは「潜伏キリシタン」と呼ぶ。キリスト教が解禁となった19世紀後半以降も、カトリックには属さず、潜伏時代の信仰形態を続ける人のことを「かくれキリシタン」と呼んでいる。

まもなく夜が明ける。五島の目覚め。青い空と海に白波が映える昼間も、日没がたとえようもなく鮮やかな夕刻も、いつだって五島は美しく温かい。いつ訪れても変わらない情緒が迎えてくれる。

五島列島全体地図

寺島
宇久島
納島
斑島
六島
赤島
小値賀島
美良島
藪路木島
黒島
平島
大島
野崎島

祝言島
頭ヶ島
折島
江島
串島
平島
漁生浦島
中通島
日島
有福島
若松島
葛島
奈留島
相ノ島
蕨小島
姫島
久賀島
ツブラ島
椛島
嵯峨島
多々良島
屋根尾島
蝶螺島
福江島
島山島
黒島
赤島
黄島

明　朝　体：有人島
ゴシック体：無人島

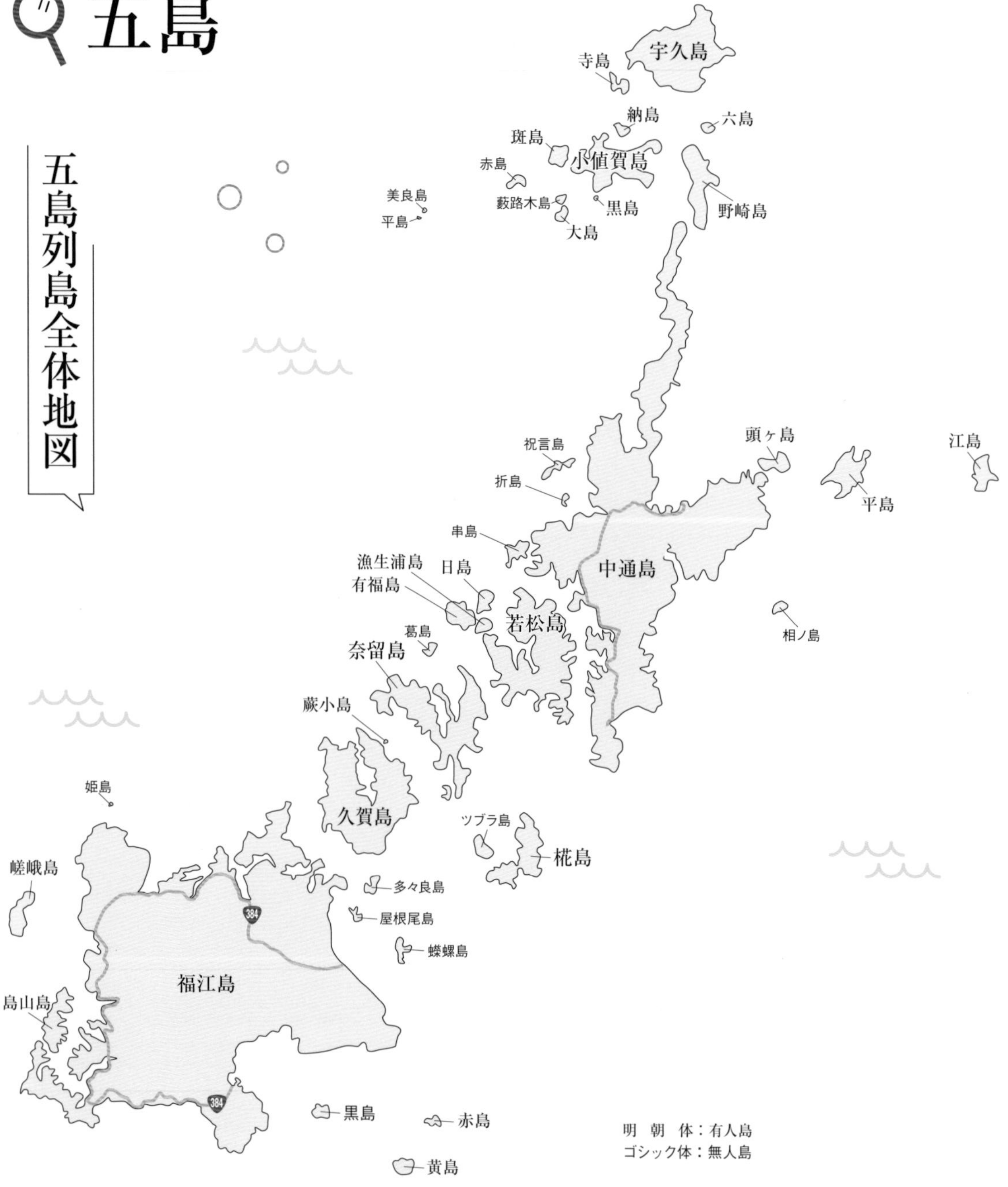

雄大な自然と歴史が織りなす景観

　五島列島の魅力は、火山の噴火できた台地と火山島に、東シナ海の荒波によって削られた断崖など、複雑な地形がそのまま残る島々で構成されていることだ。島は大小合わせて152、長崎港から西約100kmの海上に、南西約80kmにわたって点在している。

　歴史的には、遣唐使最後の寄港地、倭寇の拠点、潜伏キリシタンなど、海外とつながる中継地の役割を担ってきた。五島列島を形成する島々には、各時代の文化・経済に影響された地域ならではの伝承や伝統が色濃く残るため、これらの遺跡や風物を訪れるのは面白い。もちろんコバルトブルーの海に白浜の海岸は美しく、キャンプ、魚釣り、ダイビングなどのマリンスポーツをはじめ多彩な形で大自然へアプローチできる。老若男女や趣味を問わず、どんな人でもその人なりの楽しみ方で島旅を満喫できるのが五島なのだ。

　このページでは五島列島観光の核となる、五島市と新上五島町の主な観光資源を紹介する。

【五島市・福江島】

　福江島は、五島列島で最大の規模を誇り、経済の中心地でもある。アクセスは長崎港などからの海路で福江港へ、また福江空港（五島つばき空港）までの空路がある。島の内部は公共交通の本数が少ないため、レンタカーやタクシーを事前予約して移動するのがおすすめだ。

　自然景観は海食崖や噴火でできた鬼岳、展望台からの眺望など、街中では歴史を感じる史跡探訪が興味深い。

【自然・風景】

大瀬埼断崖、大瀬埼灯台、笠山鼻灯台、三井楽長崎鼻灯台、常灯鼻、赤灯台、糸串鼻灯台、鐙瀬溶岩海岸、勘次ケ城（山崎の石塁）、倭寇像、辞本涯、鬼岳火山渓産地、三井楽の漣痕、福江椎木山の漣痕、香珠子海水浴場、大浜海水浴場、高浜海水浴場、白良ヶ浜海水浴場、多郎島海水浴場、小浦海水浴場、高崎ビーチ、樫の浦のアコウ、玉之浦のアコウ、ハチクマの渡り（大瀬埼祈りの女神像付近で9月中旬〜10月上旬の朝）など

【公園・展望台】

魚籃観音展望所、鬼岳天文台、大瀬埼灯台展望所（祈りの女神像）、城岳展望所、魚津ヶ崎公園、白良ヶ浜万葉公園、鬼岳芝生広場、富江農村広場、五島椿森林公園、鬼岳樹木園、五島椿園、長崎鼻公園、玉之浦カントリーパーク、狩立野外スポーツ広場など

【施設・建築】

福江城（石田城）跡、五島氏庭園、山本二三美術館、五島観光歴史資料館、明星院、大宝寺、福江武家屋敷通りふるさと館、鐙瀬ビジターセンター、遣唐使ふるさと館、堂崎教会、楠原教会、水ノ浦教会、五社神社、城山神社、白石のともづな石、荒川温泉、富江温泉センターたっしゃランドなど

【季節の花】

五島椿（2月頃）、荒川のハマジンチョウ（2月頃）、奥浦町の河津桜（2月初旬頃）、魚津ヶ崎公園の菜の花（3月末〜4月中旬）・アジサイ（6月頃）・コスモス（10月中旬）、翁頭池公園・岐宿町・三井楽町のタヌキアヤメ（7月下旬〜9月）、大瀬埼灯台のシマシャジン（10月頃）など

※1　資料：国土交通省令和4年全国都道府県市区町村別面積調2022年4月1日現在
※2　資料：長崎県HP統計調査課：年齢別推計人口調査結果より2022年10月1日現在
※3　資料：長崎県五島市市勢要覧2022年版　有人島の人口と面積より　2021年12月31日現在（住基人口）

【五島市・奈留島】

　五島列島のほぼ真ん中に位置し、長崎港から直通の船便と福江島からの船便、福岡港からのフェリーも寄港する。島内の移動は、公共交通機関の便があまり良くないため、レンタカーまたはタクシーを事前予約または港でチャーターすると良い。また、レンタサイクルもある。

【自然・風景】
奈留千畳敷、池塚のビーチロック、宿輪の淡水貝化石含有層、権現山原生林、遠見番山、船廻八幡神社社叢、宮の浜海水浴場、前島海水浴場、舅ヶ島海水浴場など

【公園・展望台】
宮の森総合公園、城岳展望台、箕岳園地、小田河原展望所

【施設・建築】
奈留教会、江上天主堂、ユーミンの歌碑、奈留島世界遺産ガイダンスセンター、奈留ターミナルビル、笠松宏有記念館など

【五島市・久賀島】

　福江島と奈留島との間に位置し、福江島から出港する高速船に乗ると約20分で田ノ浦港に着く。宿泊施設は1軒しかないので、日帰りなら船の時間から計画を立て、タクシーやレンタカーなどで回ろう。世界遺産「長崎と天草地方の潜伏キリシタン関連遺産」の構成資産である久賀島の集落は、厳かな気持ちでうかがいたい。

【自然・風景】
棚田（内幸泊地区〈内上平、市小木、大開、内幸泊〉）、亀河原の椿林、細岩流、八朔鼻など

【公園・展望台】
折紙展望台

【施設・建築物】
五輪集落・旧五輪教会堂、牢屋の窄殉教記念教会、浜脇教会、久賀島観光交流拠点センターなど

【新上五島町】

　五島列島の北側ほぼ半分にあたる新上五島町。海に点在する島々、複雑な地形がつくる瀬戸、火山断層などダイナミックな地球の歴史が体感できる景色が一番の見どころだ。遣唐使や倭寇などの歴史があり、また潜伏キリシタン関連の史跡は五島列島で最も多く、29もの教会が現存している。古くから根づいている寺社仏閣の信仰も継承され、「祈りの島」と呼ばれる。

アクセスは、長崎港や佐世保港から有川港・友住港・鯛ノ浦港・奈良尾港に着く高速船・フェリー・ジェットフォイルがあり、博多港からのフェリーは青方港に寄港する。列島内では福江島、小値賀島からも船便があり、若松港・土井ノ浦港などへ着く。島内ではかなりの距離を移動するが公共交通機関の本数が少ないので、タクシーやレンタカー、レンタバイクを事前予約しておこう。なお、世界遺産の頭ヶ島の集落へは、車で有川から頭ヶ島大橋を渡って行ける。

【自然・風景】
赤ダキ断崖、日島曲古墳群、倭寇ゆかりの地・小手ノ浦、廬山の滝、兜岩、津和崎灯台、蛤浜海水浴場、高井旅海水浴場、ハマンナ、キリシタン洞窟、ハリノメンド、奈良尾のアコウなど

【公園・展望台】
矢堅目公園、矢倉岳（マリンピア）展望台、山王山展望所、龍観山展望所、米山展望台、黒崎園地展望所など

【施設・建築】
頭ヶ島天主堂、青砂ヶ浦天主堂、大曽教会、冷水教会、江袋教会、元海寺、極楽寺、海童神社、若松大橋、上五島国家石油備蓄基地、鯨賓館ミュージアム、五島うどんの里、希望の聖母像など

コラム ロケ地探訪

絵になる風景がそこかしこに広がる五島は、数々のドラマの舞台になっている。

「男はつらいよ　純情篇」「男はつらいよ　寅次郎恋愛塾」ご存じ寅さんの第6作と35作に福江島の旅館や新上五島町の風景が映る。

「喜びも悲しみも幾歳月」灯台守の夫婦を主人公にした昭和の名作、女島でも撮影された。

「くちびるに歌を」中田永一の小説を映画化。五島を舞台に主人公（新垣結衣）が合唱コンクールの指導を行うだけに、全編長崎で撮影。福江島をメインに若松港なども登場。

「悪人」吉田修一の小説を主演・妻夫木聡で映画化。クライマックスの名シーンは大瀬埼灯台。

「捨てがたき人々」ジョージ秋山の漫画を映画化。五島市で全編ロケ。

「風に立つライオン」さだまさしの歌を元に描かれた映画で、福江港などでロケ。

「最高の人生の見つけ方」主人公が故郷・長崎を訪れ、福江港から岐宿町などでも撮影された映画。

NHK連続テレビ小説「舞い上がれ！」五島と東大阪が舞台のため、福江港はじめ富江町、鬼岳、蛤浜、桐教会周辺など10数ヵ所で撮影。

「ばらかもん」アニメ化もされた漫画で、福江島暮らしをすることになった書道家のハートフルコメディ。

「蒼の彼方のフォーリズム」アニメやゲームにもなった青春ストーリー。舞台は「四島列島」として登場。

福江島（五島市）

明人堂　　常灯鼻
宗念寺
（瀬戸倉兵衛墓）　六角井戸
福江教会
五島観光
歴史資料館
福江城
五島氏庭園隠殿屋敷・心字が池
福江武家屋敷通り
ふるさと館
山本二三
美術館

空海祈念碑・辞本涯
魚津ヶ崎公園
渕ノ元カトリック墓碑群　白良ヶ浜万葉公園　水ノ浦教会
三井楽教会　　　半泊教会
宮原教会
堂崎教会
嵯峨島　　　　　　　　樫の浦アコウ樹
魚籃観音　　　　　　　　　　多々良島
遣唐使船寄泊地　　　ドンドン渕
遣唐使ふるさと館　楠原教会
高浜海水浴場　　ともづな石

久賀島
奈留島

福江島
浮体式洋上風力発電
明星院　　　　はえんかぜ
鬼岳
五島椿森林公園
島山島
玉之浦教会
鎧瀬溶岩海岸
井持浦教会
さんさん富江キャンプ村
大瀬埼灯台
大宝寺　　　勘次ヶ城跡・倭寇像

五島市—長崎最南端で五島列島最大の市

　五島列島の最南端に位置し、10の有人島と53の無人島からなる。平成16(2004)年に福江市と南松浦郡富江町・玉之浦町・三井楽町・岐宿町・奈留町の1市5町が合併し、福江島とその周辺の島がすべて五島市となった。温暖な気候と水産資源、農畜産物に恵まれた暮らしやすいまちなので、近年は移住先としても人気である。

[有人島]

福江島・奈留島・前島・久賀島・嵯峨島・椛島・赤島・黄島・蕨小島・島山島　計10島

[無人島]

黒島　男島　女島　ツブラ島　蝶螺島　多々良島　屋根尾島　寄島　ハナグリ島　クロキ島　竹ノ子島　大板部島　小板部島　美漁島　庖丁島　ほか計52島

【市総面積】420.12㎢ ※1

【市総人口】33,233人 ※2

【気候】対馬暖流の影響で、冬は暖かく夏は比較的涼しい海洋性の気候(西海型気候区)。
　　　観光のベストシーズンは4〜11月だが、年間平均降水量は全国平均よりやや多く、特に6〜7月は降水量が多い。

【市の花木／花／木／鳥】ヤブツバキ／ハマユウ／アコウ／メジロ

【文化財】

国指定：下崎山町のヘトマト行事(無形民俗文化財)、五島神楽(重要無形民俗文化財)、石田城五島氏庭園(名勝)、三井楽(名勝)

国指定天然記念物：ヘゴ自生北限地帯、奈留島権現山樹叢、男女群島

国選択：吉田の綱引き(無形民俗文化財)、五大宝の砂打ち(無形民俗文化財)

【指定公園】西海国立公園：長崎県北西部の本土と大小の島々、4市2町(佐世保市、平戸市、西海市、五島市、小値賀町、新上五島町)から構成される国立公園。外洋性多島海景観が特色で、大小400の島々が存在する公園内は、リアス式海岸をもつ九十九島、小規模の火山地形をもつ五島、海食崖の平戸の3つの特徴がある。

【イメージキャラクター】つばきねこ

【工芸】サンゴ、バラモン凧

福江島　ふくえじま—遣唐使の時代から栄える五島の中心島

　五島列島で一番大きい島。飛鳥時代から平安時代は遣唐使船が中国へ向かう最後の寄港地として、室町時代は日明貿易の中継地、江戸時代は五島藩一万二千石のお膝元として、常に五島列島の政治・経済・文化の中心として栄えてきた。現在も市街には五島藩や旧城下町の風情が残る。

【面積】326.36㎢ ※1

【人口】33,008人 ※3

【地勢】島の西の海岸は東シナ海の荒波により、海蝕崖が連なる。大瀬埼の断崖や嵯峨島の火山海蝕崖がとりわけ有名だ。また、日本でも珍しいスコリア丘およびアスピーテ(楯状火山)の火山群がある。最高標高は父ヶ岳の461m。

【名産・特産】五島茶、五島米、五島麦、椿油、潮どうふ、五島ルビー(トマト)、ブロッコリー、高菜、ビワ、海産物とその加工品など

奈留島・久賀島

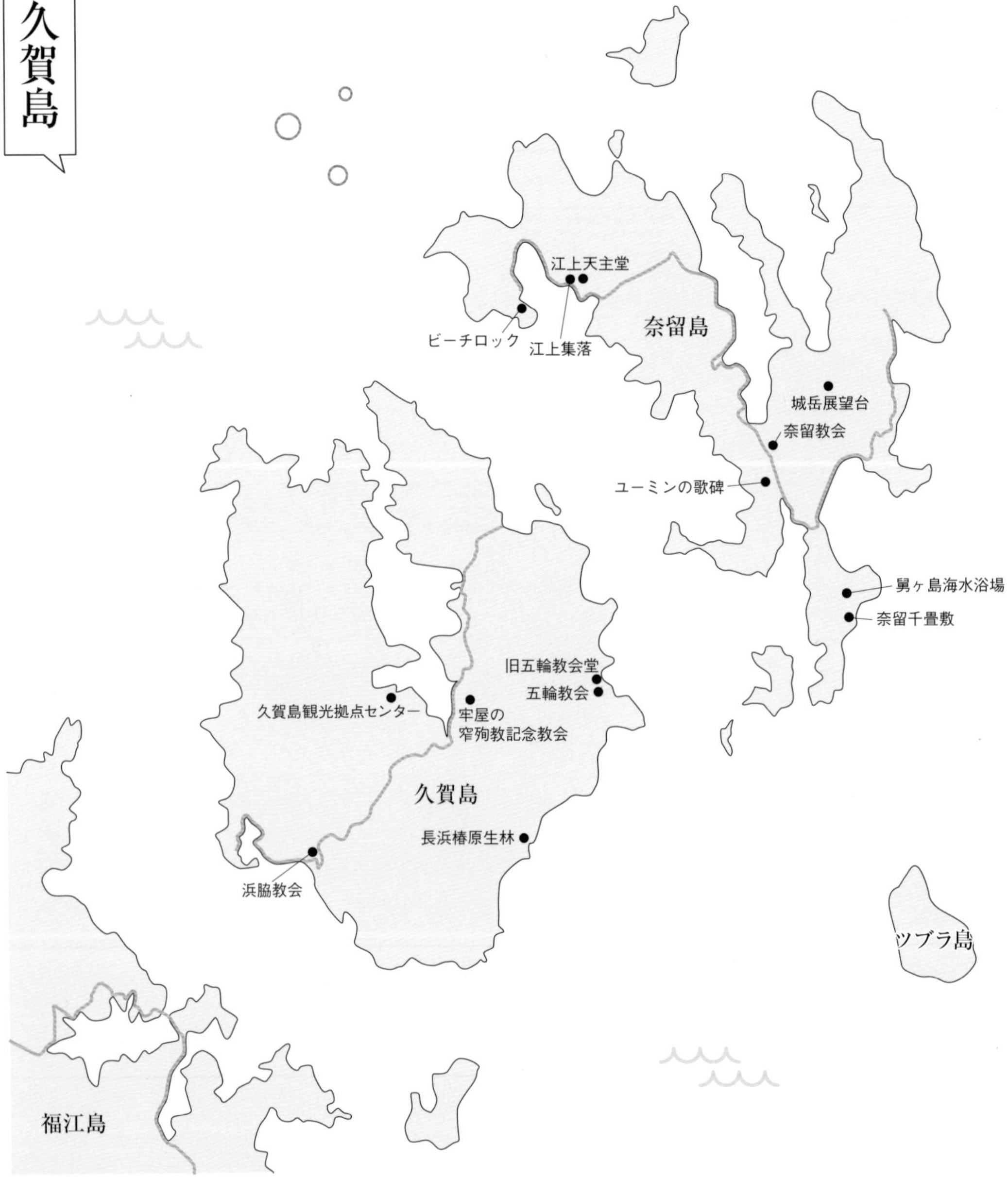
江上天主堂
ビーチロック
江上集落
奈留島
城岳展望台
奈留教会
ユーミンの歌碑
舅ヶ島海水浴場
奈留千畳敷
旧五輪教会堂
五輪教会
久賀島観光拠点センター
牢屋の
窄殉教記念教会
久賀島
長浜椿原生林
浜脇教会
ツブラ島
福江島

奈留島 なるしま―潜伏キリシタンの江上集落が残る島

　遣唐使や遣明船などの寄港地だった記録が残り、遣唐使廃止後も大陸と日本の中継地として船や人が行き交った。禁教令が敷かれた江戸時代には潜伏キリシタンが多く移住し、江上集落は世界遺産「長崎と天草地方の潜伏キリシタン関連遺産」の一つである。

【面積】23.68k㎡ ※1
【人口】1,992人 ※3
【地勢】五島列島のほぼ中央にあり、複雑に入り組んだ地形が天然の良港となっている。平地が主で、最高標高は鴨越の276 m。
【世界遺産】奈留島の江上集落（長崎と天草地方の潜伏キリシタン関連遺産の構成資産の一つ）
【名産・特産】おさかなせんべい（奈留町漁業協同組合）、粒うに、かんころ餅、水産加工品（一夜干し、みりん干し、練り物など）など

久賀島 ひさかじま―五島崩れの発端となった島

　遣唐使船が田ノ浦に寄港し、ほかにも空海と田ノ浦の話、平家の落人と猪之木集落の話などの伝承がある。また、河童や蛙のさまざまな民話が多く伝わる島でもある。江戸時代には多くの潜伏キリシタンが移住し、殉教者の悲しい物語も残る。

【面積】37.24k㎡ ※1
【人口】280人 ※3
【地勢】馬蹄のような形をした島で、リアス式海岸が連なる複雑な海岸線を持ち、せり出した山々が久賀湾を囲う。最高標高は鵜岳の357 m。陸地には貴重なヤブツバキの原生林がある。
【世界遺産】久賀島の集落（長崎と天草地方の潜伏キリシタン関連遺産の構成資産の一つ）
【名産・特産】水産加工品、久賀島米、椿油など

新上五島町

江袋教会

曽根教会

矢堅目

青砂ヶ浦天主堂

鯨賓館ミュージアム
（有川港ターミナル）

元海寺

大曽教会

源五郎島

頭ヶ島天主堂

上五島国家石油備蓄基地

蛤浜海水浴場

ハマンナ

平島

384

海童神社　金比羅神社

崎浦の五島石集落景観
（頭ヶ島の集落）

中通島

日島曲古墓群

若松島

中ノ浦教会

有福教会

若松大橋

奈留島

桐教会

キリシタン洞窟と
ハリノメンド

奈良尾アコウ樹

久賀島

椛島

新上五島町 しんかみごとうちょう―7つの有人島が複雑につながる町

　　五島列島の北部に位置する南松浦郡新上五島町は、7つの有人島と60の無人島からなる。各島で旧石器時代、縄文時代、弥生時代の遺跡が発見されるなど、古来より人々の営みがあったことがうかがえる。遣唐使船寄港の後も大陸交流の拠点として栄え、捕鯨の本拠地としても繁栄した。江戸時代には潜伏キリシタンが多く移住し、禁教令廃止とともに教会堂が建てられた。現在も29の教会堂が信仰と地域の人々に受け継がれて、この数は列島最多である。また、寺社などの文化財も多い。

　　博多からのフェリーが寄港する青方郷は行政、高速船などが着く有川郷は経済の中心地である。

[有人島] 中通島　頭ヶ島　若松島　日島　有福島　桐ノ小島　漁生浦島　計7島
[無人島] 折島　畑島　蔵ノ小島　八王島ほか計60島

【町総面積】213.99k㎡ ※1
【町総人口】17,608人 ※資料:新上五島HP 令和5年人口のうごき(住民基本台帳)2023年1月1日より
【地勢】複雑で変化に富んだリアス式海岸をもち、白い砂浜が続く自然海浜が多く存在する。最高標高は番山の443m。
【町歌】曲名:新上五島町町歌「五つ星」　作詞:坪井久智　補作詞・作曲:さだまさし
【町の花／木／鳥】ツバキ／ツバキ／メジロ
【文化財】国指定:青砂ヶ浦天主堂(重文)、頭ヶ島天主堂「教会堂・司祭館」(重文)、奈良尾のアコウ(天然記念物)
　　　　　国選択:五島神楽(重要無形民俗文化財)
【指定公園】西海国立公園(新上五島町の大部分)
【世界遺産】頭ヶ島の集落(長崎と天草地方の潜伏キリシタン関連遺産の構成資産の一つ)
【県の天然記念物】新魚目曽根火山赤ダキ断崖、五島青方ウバメガシ、奈良尾ヘゴ自生地
【名産・特産】五島うどん、上五島の塩、椿油、飛魚(あご)、水産加工品、鯨加工品、かんころ餅、豆ようかん

コラム　ふるさとを守り盛り上げる人

　　新上五島町の青方で生まれ育った谷村康弘さんは、東京の大学を経て福岡などで働き、25年前に戻った。島で生活するうちに、新上五島町は美しい町だが、県下でリサイクル率が最下位、1人1日当たりのゴミ排出量は最多と知った。そんな町の環境活動を通じ、未来の子どもたちへ愛着と誇りをもてる故郷をと決意。環境ボランティア団体『くじられんごう (TEL 080-6312-6981)』を立ち上げた。

　　現在は宿の運営や観光ガイドをしながら、漂着ゴミが多い海水浴場のゴミ拾いイベントやワークショップを定期的に主催。ボランティアの意義や楽しさを町民に体感してもらい、結果的に島民力の向上でゴミ問題を解決し、ひいては脱炭素・省エネ社会をみんなの手で創ろうとしている。

　　そんな谷村さんは、「若松瀬戸が大好き。上から眺めても航行しても、入り組んだ海岸に養殖場が浮かび、漁村や教会の織りなす光景がしみじみい良いなぁと思える」という。愛する故郷の景観を守り、島だからできる環境問題への取り組みが、やがてロールモデルとなって全国へ発信できるように尽力している。

ゴミ拾いのワークショップにて。マイクを持つのが谷村康弘さん。

小値賀島

長崎鼻

納島

ポットホール

斑島灯台

斑漁港

柿の浜海水浴場

斑島

姫の松原

小値賀島

古路島

藪路木島

乙子島

あわび館

赤浜海岸

黒島

小黒島

小値賀港ターミナル

宇々島

大島

小値賀島 おぢかじま─自然と共存する懐かしい日本の原風景

　佐世保港の海上から約60km、五島列島の北部に位置する。大小17の島々から形成される北松浦郡小値賀町の中心だ。斑島、黒島とは橋で繋がっている。島からは旧石器時代の遺物が出土し、弥生時代から農耕が営まれていた。『肥前国風土記』によると、平戸あたりからこの周辺の島が一番近くに見えたため、小近（おぢか）と呼ばれたのが島名の由来と伝えられている。

　遣唐使や大陸との交易船との寄港地になり、近世では捕鯨基地にもなった。

【面積】12.22 ※1

【人口】2,239人 ※http://ojika.net/・2023年1月6日現在より

【地勢】火山の噴火によって、マグマで形成された火山群島で、比較的平坦な地形が多く、最高標高は本城岳の111.3m。海岸線は複雑なリアス式海岸だ。中心の小値賀島はかつて東西2つの島だったが、中世に干拓が行われてひと続きの島となった。

【町の花／木／鳥】スイセン／クロマツ／ニホンキジ

【史跡・文化財】

国の文化的景観：小値賀諸島の文化的景観（笛吹・柳、前方、新田、唐見崎、長崎鼻の5地区、野崎島の全域および大島・宇々島を含む）

国指定天然記念物：斑島のポットボール、カラスバトなどの鳥類

県指定天然記念物：古路島のネック、大島巨大火山弾産地、美良島

県指定有形文化財：旧野首教会

県指定史跡：神ノ崎遺跡

【世界遺産】野崎島の集落跡（長崎と天草地方の潜伏キリシタン関連遺産の構成資産の一つ）

【その他史跡・観光】五両ダキ、野崎島、沖ノ神嶋神社、王位石、地ノ神嶋神社、志々伎神社、長壽寺、おぢか八十八か所めぐり、神方古墳、本城岳中世山城址、牛の塔、建武新田、前方湾周辺海底遺跡、姫の松原、赤浜海岸公園、白浜海岸、柿の浜海水浴場、あわび館、小値賀町歴史民俗資料館、野崎島自然学習村、愛宕山園地、黒島園地、斑園地、納島など

【祭】六社神社大祭、おぢか夏祭り大会など

【名産・特産】海産物・加工品、魚醤、落花生など

【町マスコットキャラクター】ちかまる君、はなちゃん

【交通】船便：佐世保港⇔小値賀港、博多港⇔小値賀港
　　　島内：レンタカー・レンタサイクル、バス（小値賀交通）

コラム　おぢかアイランドツーリズム協会

　小値賀島に暮らす人たちが、島で暮らす体験を通じて小値賀島の良さを感じてほしいと願って活動しているNPO法人だ。人口約2,300人の島で80名が会員となり、島旅コンシェルジュとして観光案内や情報発信、民泊運営などを担っている。民泊で島の人と一緒に生活したり、地元ガイドで島巡りを楽しんだり、アクティブな体験型ツアーなどへの参加をサポート。また、世界遺産関連遺産の「野崎島の集落跡」を訪ねるためのガイドツアーも行っている。現在は無人島なので施錠されている旧野首教会の見学をはじめ、足下が危ない場所にも同行してもらえるので安心だ。

　小値賀島へ行くなら、まずはホームページをチェックし、現地に着いたらターミナルの窓口で案内を請おう。

［時］9:00～18:00　［休］年末年始　〒857-4701　長崎県北松浦郡小値賀町笛吹郷2791-13　小値賀港ターミナル内
TEL0959-56-2646　https://ojikajima.jp

宇久島

対馬瀬鼻灯台

木場汐牧地

平家盛公上陸地

城ヶ岳展望所

宇久島

大浜海水浴場

スゲ浜海水浴場

ポットホール

汐出海浜地

寺島

アコウの巨樹

前子島

宇久平港

宇久島　うくしま―平家伝説が残る放牧の島

　佐世保港の海上から約60kmに位置する、五島列島で最北端の島。平成18(2006)年に佐世保市と合併し、現在は佐世保市宇久町である。宇久島と寺島、2つの有人島と周辺の数島からなり、人口のほとんどは宇久島に住んでいる。

　旧石器時代から人々が住んでいた跡が残る。伝承では文治3(1187)年、壇ノ浦の合戦に敗れた平清盛の弟・家盛が宇久島へ逃れ住み、宇久次郎家盛と名乗って宇久氏(五島氏)の祖になったとされる。宇久氏は8代目で福江島へ移ったが、宇久島には平家にまつわる史跡が多く残されている。島は古来より漁場として栄え、海士と呼ばれる素潜り漁師の活躍で鮑・サザエ漁や捕鯨が盛んだった。近年は畜産も盛んで、大自然の中で牛が放牧されているのどかな光景があちこちで見られる。

【面積】24.93 ※1
【人口】1,766人 ※資料:佐世保市HP 町別の推計人口 令和4年度より
【地勢】火山地形の溶岩台地で比較的なだらか。最高標高は城ヶ岳の標高259mで、流紋岩質溶岩で形成されている。
【町の花／木】ヤマツツジ／クロマツ
【史跡・文化財】
県指定史跡:宇久松原遺跡
県指定天然記念物:寺島のポットホール
【その他史跡・観光】ヒゴタイの里、菜盛山、三浦神社大ソテツ、小浜のアコウ、長崎鼻遺跡、鯨恵比寿、神島神社、東光寺、毘沙門寺、山本神社、厄神社、八幡神社、富江藩代官所跡、宇久神社、厳島神社、対馬瀬灯台、城ヶ岳、大浜海水浴場、スゲ浜海水浴場、木場放牧地、火焚崎(平家盛公上陸地)、船隠し、汐出海浜地、シーサイドロード、乙女の鼻園地、平原ゴルフ場、汐出海浜地、宇久島資料館、浜方ふれあい館
【祭】鬼火焚き(平地区・神浦地区)、祇園祭(八坂神社夏祭、平地区)、八坂神社(神島神社内)、竜神祭(神浦地区)、厳島神社・神浦港、神島神社例大祭(平地区)、神島神社 八幡神社なぎなた踊り(本飯良地区、八幡神社)
【名産・特産】海産物・加工品、芋焼酎、かんころ餅、芋かりんとう
【交通】船便:博多港⇔宇久平港、佐世保港⇔宇久平港、笛吹港(小値賀島)⇔宇久平港、柳港(小値賀島)⇔神浦
島内:バス(宇久観光バス)、タクシー・レンタカー(宇久交通)、レンタサイクルうくちゃり(観光案内所)

コラム　離島カード

　大自然に抱かれて独自の文化を育んでいる、離島地域の個性と魅力を伝える「離島カード」。内閣府総合海洋政策推進事務局が発行している、コレクションカードだ。表には各島の象徴的な風景写真、裏面には島の概要や小ネタが記載され、旅の記念にもってこい。カードを集めながら島々の魅力を思い出せる。

　各島のカードは来島者のみ、1人1枚の配布なのでレア感も満点だ。また、期間限定のコレクションカードもあり、集めて申し込めばプレミアムグッズがもらえる特典もある。

　なかでも五島列島は、全国でも発行枚数が圧倒的に多い。主要島の観光案内窓口などで配布しているので、集めて楽しみたい。離島カードの概要および配布場所や営業時間などは、下記ホームページを参考に。

「国境の島」ポータルサイト　https://kokkyo-info.go.jp/topics/ritocard/

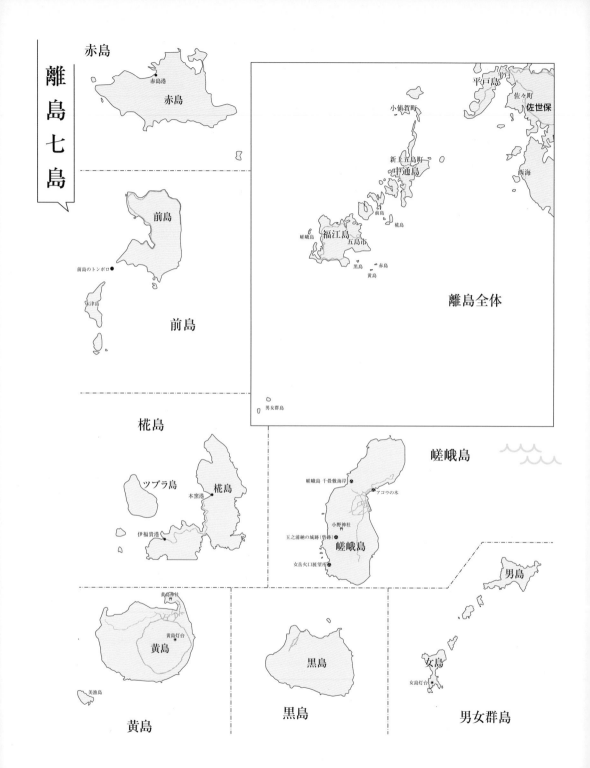

赤島

離島七島

赤島港

赤島

前島

前島のトンボロ●

末津島

前島

椛島

ツブラ島

椛島

本窯港

伊福貴港

黄島神社

黄島灯台

黄島

美漁島

黄島

離島全体

平戸島

佐々町

佐世保

小値賀町

新上五島町
中通島

西海

嵯峨島

福江島

前島

椛島

五島市

黒島

赤島

黄島

男女群島

嵯峨島

嵯峨島 千畳敷海岸

アコウの木

小野神社

玉之浦納の城跡（砦跡）

嵯峨島

女岳火口展望所

黒島

黒島

男島

女島

女島灯台

男女群島

五島市の離島

五島市に所属する小さな島々

前島 まえしま

奈留島の南1.6kmに位置する小さな島で、前島の南西にある末津島とはトンボロと呼ばれる幅約10m・長さ約400mの帯状の砂洲でつながる。干潮時には前島と末津島が陸続きとなり、歩いて渡れる。

【面積】0.47㎢ ※1

【人口】25人 ※3

【地勢】トンボロ

【交通】奈留港⇔前島(予約制のデマンド運航)

椛島 かばしま

平家の落人・伊王三郎が家臣らと住み着いたのが、椛島が有人となった始まりと伝えられる。しかし縄文時代の石器も発見されているので、実際はもっと古くからではないかといわれる。江戸時代には潜伏キリシタンも移り住んでいた。現在も漁業を中心にした暮らしが営まれ、昔の塩作り跡が見られる。

【面積】8.69㎢ ※1

【人口】97人 ※3

【地勢】島の約85%が山地で、最高標高は到彦山の326m。火山の噴出物が固まってできた、凝灰岩の千畳敷がある。

【史跡・観光】長刀岩(長刀神社)、鷹ノ巣がんぎ(弘法大師)、
為石わんど、天見ヶ浦、芦ノ浦、大小瀬、伊福貴のガッパ石、椛島神社、八坂神社、西蓮寺、高松権現、芦ノ浦のイボ地蔵、ツブラ島

【交通】福江港⇔伊福貴港⇔本窯港(木口汽船:毎日3便)

赤島 あかしま

福江島から南東12kmにある玄武岩質熔岩でできた島。明治～大正時代にかけてはカツオ漁で栄え、現在は沿岸漁業が行われている。豊かな自然と透き通った海に囲まれ、穏やかな時間を過ごすことができる島だ。特に夜は、余計な光がないので星が美しい。

【面積】0.51㎢ ※1

【人口】9人 ※3

【地勢】海岸は玄武岩質溶岩でごつごつしている。淡水源はないため雨水利用。

【交通】福江島⇔赤島⇔黄島(黄島海運:毎日2便)

黄島 おうしま

福江島から17kmにある武岩質溶岩でできた平坦な小島で、最高標高は番岳の91.5m。溶岩でできた岩が黄色いので、黄島になったと伝えられる。江戸時代から捕鯨が行われ、明治～昭和時代初期にかけては捕鯨基地があった。現在は石鯛などの釣りスポットとして有名で、人口より猫が多い猫の島としても人気を集めている。

【面積】1.39㎢ ※1

【人口】32人 ※3

【地勢】玄武岩質溶岩、淡水源はなく、太陽光発電利用海水淡水化施設がある。

【史跡・観光】黄島溶岩トンネル、黄島灯台、黄島神社、弁竜山延命院(五島八十八ケ所札所巡り第15番札所)

【交通】福江島⇔赤島⇔黄島(黄島海運:毎日2便)

黒島 くろしま

　福江島から東へ約7kmの海上に位置する。かつて漁港だった付近には溶岩トンネルがあり、釣りスポットになっている。縄文時代の土器片が出土し、中世には倭寇の根拠地の一つとして栄えた。島内には鴨神社があって富江神楽奉納が行われていたが、現在は無人島となり行われていない。

【面積】1.12㎢ ※1
【地勢】平坦だが海岸線は海食による急崖が多い。
【交通】福江島から海上タクシーを利用

嵯峨島 さがのしま

　福江島から北西約4km、東シナ海に浮かぶ。2つの火山、男岳（標高151m）と女岳（標高130m）の裾野がつながってできた島なので、ひょうたん形をしている。古くは流刑の島で、平家の落人が流された場所でもある。江戸時代には大村藩から逃れた潜伏キリシタンが移り住み、現在も教会があって信仰が続けられている。念仏踊りのオーモンデーが有名だ。

【面積】3.16㎢ ※1
【人口】92人 ※3
【地勢】島ほぼ全てが玄武岩質溶岩と凝灰岩で覆われ、海岸は海食崖、または転石海岸。島のほぼ全域が西海国立公園特別保護地区、西海国立公園特別地域。
【観光】女島火口展望所、千畳敷、嵯峨島教会堂
【交通】貝津港⇔嵯峨島港（嵯峨島旅客船：毎日4便）島内はレンタサイクル有

男女群島 だんじょぐんとう

　福江島から南西約70kmの東シナ海にある、男島・クロキ島・寄島（中ノ島）・ハナグリ島・女島の5つと周辺の岩礁を総称して男女群島と呼ぶ。すべて無人島だ。
　近海には希少な珊瑚が豊富にあり、以前は珊瑚漁が盛んだったが現在では衰退。島にはカンムリウミスズメなどの珍しい海鳥が生息し、全島が史跡名勝天然記念物（天然保護区域）に指定されている。許可なく上陸はできないが、ダイビングや釣りを楽しめる場所として注目される。

【地勢】島全体が溶結凝灰岩からなり、海岸線は断崖で柱状節理が発達。最高標高は女島の281m。

男島 おしま

　珊瑚漁が盛んだったが明治39（1906）年に、周辺海域で多くの人が遭難し、命を落とした。島西部にはそれを弔う千人塚がある。また、中世の石垣群も残されている。

【面積】2.50㎢ ※1

女島 めしま

　平成18（2006）年まで、女島灯台に日本で最後の灯台守がいた島として知られる。現在は無人島となり、灯台は自動化された。女島灯台は、日本の灯台50選にも選定されている。海上保安庁のヘリポートがある。

【面積】1.22㎢ ※1

年中行事

春

1月3日　みんかけ(新魚目)

1月4日　的射り(上五島)

1月14日　めーざいてん　鯨唄・羽差踊り(有川)

2月1〜28日　椿日和(新上五島町各地)

3月下旬から4月中旬　とみえ桜まつり

4月上旬　魚津ヶ崎菜の花まつり

5月3日　こども自然公園大会

5月4日　富江半島ブルーライン健康ウォーク
大会

夏

あじさいまつり前　魚津ヶ崎公園あじさい園
ライトアップ

6月上旬　ほたるのふるさと相河川まつり(相河)

7月下旬　ありかわ縁日・花火大会(有川)

7月27日　十七日祭り(有川)

8月14日　青方念仏踊り(青方)

8月15日　鯛ノ浦薙刀踊り(有川)

8月15日　江ノ浜念仏踊り(有川)

6月初旬　魚津ヶ崎あじさいまつり

6月中旬　五島長崎国際トライアスロン大会

7月中旬から8月下旬　海水浴場海開き

7月中旬　万葉の里ペーロン競漕大会

8月11日　富江まつり

8月12日　三井楽夏まつり

8月12日　玉之浦町港祭り

8月13日から14日　オネオンデ

8月13日から15日　チャンココ

8月14日　奈留夏まつり

8月14日　嵯峨島オーモンデー

8月14日　玉之浦カケ踊り

8月の最終土曜日　五島列島夕やけマラソン大会

秋

9月の第3日曜日、月曜日　巌立神社例大祭

9月23日(秋分の日)　三井楽万葉まつり

中秋の名月　まあだかな(青方)

10月上旬　福江みなとまつり

10月中旬　コスモスまつり

10月中旬　富江神社例大祭

10月の第3土曜日、日曜日　椛島神社例大祭

10月の第4日曜日　椛島二十日蛭子神社祭

10月中旬　奈留神社例大祭

10月〜11月　上五島神楽(新上五島町各地)

11月上旬　大宝郷の砂打ち

11月中旬　長崎五島ツーデーマーチ

冬

12月初旬〜1月初旬　教会イルミネーション
(新上五島町各教会)

(12月中旬に教会コンサート有)

12月上旬　奈留自慢市

12月中旬　三井楽産品まつり

12月中旬　とみえ産業市

12月中旬　岐宿町産業祭

12月31日　最後の夕陽鑑賞会

1月2日から1月3日　貝津の獅子こま舞

1月上旬　戸岐神社例祭

1月11日　大宝の綱引き

1月中旬　下崎山町のヘトマト

1月中旬　吉田の綱引き

1月下旬　大宝の女正月

2月中旬から3月上旬　五島椿まつり

2月下旬　五島つばきマラソン

交通案内

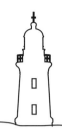

　五島列島の各島へ行くには船または飛行機の利用になる。船は長崎港・佐世保港・博多港、飛行機は長崎空港・福岡空港が拠点だ。空港は福江島にしかないため、その他の島へは船便になる。また、島から島への移動も船便である。島内ではレンタカーやタクシーを利用しよう。小さい島ならレンタバイクやレンタサイクルも用意されている。

　また、観光協会などで設定された観光コースを利用するのも、見どころを効率よく回れるのでおすすめだ。

※各交通の所要時間は目安です。乗船する船の種類によって異なります。

福江島へ

【飛行機】
長崎空港→福江空港（所要時間　約30分）
福岡空港→福江空港（所要時間　約40分）

【ジェットフォイル、高速船】
長崎港→福江港　　（所要時間　約1時間30分）

【フェリー】
長崎港→福江港　　（所要時間　約3時間10分）
博多港→福江港　　（所要時間　約8時間30分）

上五島へ

【ジェットフォイル、高速船】
長崎港→奈良尾港　（所要時間　約1時間15分）

【高速船】
長崎港→有川港　　（所要時間　約1時間40分）
佐世保港→有川港　（所要時間　約1時間30分）
長崎港→鯛ノ浦港　（所要時間　約1時間40分）

【フェリー】
佐世保港→有川港　（所要時間　約2時間30分）
長崎港→奈良尾　　（所要時間　約2時間40分）
博多港→青方港　　（所要時間　約6時間）
佐世保港→友住港　（所要時間　約3時間30分）

宇久島・小値賀島へ

【フェリー、高速船】
博多港→宇久平港　（所要時間　約4時間10分）
宇久平港→小値賀港（所要時間　約30分）
佐世保港→小値賀港（所要時間　約3時間15分）

島と島の移動

福江港⇔奈良尾港（中道島〈上五島〉）（所要時間　約1時間20分）
福江港⇔若松港（若松島）（所要時間　約1時間45分）
福江港⇔奈留港（奈留島）（所要時間　約1時間40分）
福江港⇔田ノ浦港（久賀島）（所要時間　約35分）

※他にも航路はたくさんあります。観光協会のホームページなどでお調べください。

福江島の観光・乗り物

【観光案内】
0959-72-2963　　五島市観光協会・観光案内所（福江港ターミナル）

【タクシー】
0959-72-2854　　大波止タクシー
0959-72-5131　　西海タクシー
0959-76-3217　　ばらもんタクシー
0959-72-2171　　五島タクシー
0959-84-3136　　三井楽タクシー

【レンタカー】
0959-72-7048　　トヨタレンタカー
0959-72-5175　　日産レンタカー五島
0120-510-947　　ニッポンレンタカー
0959-72-5015　　五島レンタカー／福江港内
0959-72-8788　　観光レンタカー／福江港周辺
0120-00-1622　　恵比寿レンタカー　など

【レンタバイク・レンタカー】
0959-74-1133　　池田レンタカー
0959-72-7535　　入江レンタカー　など

【海上タクシー】
0959-74-1010　　海上タクシー五島（福江港・奈留港）
090-7924-4793　　海上タクシーむさし（福江港・小型）など

奈留島・久賀島の観光・乗り物

【観光案内】

0959-64-3383　奈留インフォメーションセンター
（奈留港ターミナル）

0959-77-2115　久賀島観光交流拠点センター（久賀島）

【タクシー】

0959-64-3171　丸濱タクシー（奈留島）

0959-77-2008　久賀タクシー（久賀島）

【レンタカー】

0959-64-2168　奈留島港レンタカー

0959-64-2148　奈留レンタカー

0959-77-2008　久賀島レンタカー

【海上タクシー】

0959-64-2673　奈留海上タクシー（奈留港）

0959-77-2228　久賀海上タクシー長久丸（浜脇港）

上五島（中通島）の観光・乗り物

【観光案内】

0959-42-0964　新上五島町観光物産センター
（有川港　うどんの里）

【タクシー】

0959-52-2175　共和タクシー（青方）

0120-42-0256　有川タクシー（有川）

0120-14-2121　若松タクシー（若松）

0959-44-1797　美鈴観光タクシー（奈良尾）

【レンタカー】

0959-42-0042　有川レンタカーHAMA（有川）

0959-53-0100　トヨタレンタカー有川店（有川）

0959-44-1200　トヨタレンタカー奈良尾店（奈良尾）

0959-44-0364　奈良尾レンタカー（奈良尾）など

【海上タクシー】

0959-64-2673　奈留海上タクシー（奈留島浦）

0959-74-1010　海上タクシー五島（奈留島浦）

小値賀島の観光・乗り物

【観光案内】

0959-56-2646　おじかアイランドツーリズム観光案
内所（小値賀港、レンタサイクルも有）

【タクシー・レンタカー】

0959-42-5011　福祉タクシー（タクシー予約電話番号）

0959-56-2464　福崎モータース（レンタカー）

宇久島の観光・乗り物

【観光案内】

0959-57-3935　宇久町観光協会（平港、うくちゃりも有）

【タクシー・レンタカー】

0959-57-2132　宇久交通

0959-57-2828　ヤマサキリンエイ（レンタサイクル）

◆フェリー・高速船

0570-01-7510　九州商船　https://kyusho.co.jp

095-822-9156　（長崎〜五島航路、長崎〜有川航路）

0956-22-6161　（佐世保〜上五島航路）

0959-42-3939　五島産業汽船
https://www.goto-sangyo.co.jp

0570-01-0510　野母商船・太古フェリー
https://www.nomo.co.jp/taiko

0959-72-8151　五島旅客船（郷の首〜福江航路）

0959-73-0003　木口汽船
https://www.kiguchi-kisen.jp

0956-25-6118　崎戸商船（友住〜佐世保航路）

◆航空会社

0570-064-380　ORC オリエンタルエアブリッジ予
約センター
https://www.orc-air.co.jp

0570-029-222　ANA 全日空 予約・案内センター
https://www.ana.co.jp/ja/jp/

五島つばき空港（時刻表）https://www.fukuekuko.jp/

関係連絡先

	分類	施設名	住所	電話
福江島	役所	五島市役所	五島市福江町1-1	0959-72-6111（代）
	役所	五島市役所地域振興部文化観光課	五島市福江町1-1	0959-74-0811
	役所	五島市富江支所	五島市富江町富江165-1	0959-86-1111
	役所	五島市玉之浦支所	五島市玉之浦町玉之浦763	0959-87-2211
	役所	五島市岐宿支所	五島市岐宿町岐宿2535	0959-82-1111
	役所	五島市三井楽支所	五島市三井楽町濱ノ畔1473-1	0959-84-3111
	役所	五島市福岡事務所	福岡市博多区博多駅前2-20-1 大博多ビル10階	092-409-0908
	役所	五島市東京事務所	東京都千代田区麹町1-3-7 日月館麹町ビル6階	03-3239-0812
	施設	五島市商工会	五島市岐宿町岐宿2256-3	0959-82-0702
	施設	五島市立図書館	五島市池田町1-5	0959-72-6900
	施設	五島観光歴史資料館	五島市池田町1-4	0959-74-2300
	施設	鐙瀬ビジターセンター	五島市野々切町1333-3	0959-73-6955
	施設	鬼岳四季の里、インフォメーションセンター	五島市上大津町2873-1	0959-74-5469
	施設	鬼岳天文台	五島市上大津町2873-1	0959-74-5469
	施設	富江温泉センターたっしゃかランド	五島市富江町松尾662-2	0959-86-3939
	施設	地域福祉センター荒川温泉	五島市玉之浦町荒川130-2	0959-88-2205
	施設	荒川温泉足湯	五島市玉之浦町荒川276-7	0959-87-2216（玉之浦支所）
	施設	岐宿温泉	五島市岐宿町岐宿396-1	0959-82-1525
	施設・体験・宿泊	五島コンカナ王国	五島市上大津町2413	0959-72-1348
	施設・体験	五島ワイナリー	五島市上大津町2413	0959-74-5277
	施設・体験	三井楽ステンドグラス工房538	五島市三井楽町濱ノ畔806-9	090-1977-8481
	施設・体験	五島民芸	五島市上大津町1387	0959-72-8591
	施設・体験	かづら清 三井楽搾油場	五島市三井楽町塩363-9	0959-84-3376
	施設・体験	五島列島酒造	五島市三井楽町濱ノ畔3158	0959-84-3300
	施設・体験	五島カントリークラブ	五島市下大津町1985	0959-72-4526
	施設・体験	フィッシング五島　モリタ	五島市東浜町1-9-3	0959-75-0001
	施設・体験	マリンサポート五島 海友	五島市松山町603-5	0959-72-8440
	施設・ガイド	五島市ふるさとガイドの会	五島市上大津町592-1	0959-88-9075
	建物・文化財・史跡	五島氏庭園	五島市池田町1-7	0959-72-3519
	建物・文化財・史跡	福江武家屋敷通りふるさと館	五島市武家屋敷2-1-20	0959-72-2083
	建物・文化財・史跡	山本二三美術館	五島市武家屋敷2-2-7	0959-76-3923
	建物・文化財・史跡	明星院	五島市吉田町1905	0959-72-2218
	建物・文化財・史跡	大宝寺	五島市玉之浦町大宝631	0959-87-2471
	建物・文化財・史跡	宗念寺	五島市福江町16-1	0959-72-3024
	建物・文化財・史跡	堂崎天主堂キリシタン資料館	五島市奥浦町堂崎2019	0959-73-0705
	建物・文化財・史跡	楠原教会	五島市岐宿町楠原736-3	
	建物・文化財・史跡	水ノ浦教会	五島市岐宿町岐宿1644	
	建物・文化財・史跡	玉之浦教会	五島市玉之浦町玉之浦622-1	
	建物・文化財・史跡	半泊教会	五島市戸岐町半泊1223	
	建物・文化財・史跡	宮原教会	五島市戸岐町773-2	
	建物・文化財・史跡	福江教会	五島市末広町3-6	
	建物・文化財・史跡	三井楽（岳）教会	五島市三井楽町岳1420	
	建物・文化財・史跡	明人堂	五島市福江町1032-2	0959-72-6111（五島市役所）
	公園・キャンプ場	魚津ヶ崎公園キャンプ場・バンガロー	五島市岐宿町岐宿1218-1	0959-82-1111（岐宿支所）
	公園・キャンプ場	さんさん富江キャンプ村	五島市富江町土取1333	0959-86-2920
	公園	白良ヶ浜万葉公園	五島市三井楽町濱ノ畔	0959-84-3162（三井楽支所）
	公園	五島椿森林公園	五島市上崎山町	0959-72-6111（五島市役所）
	海水浴場	崎山海浜公園	五島市崎山町	0959-72-6111（五島市役所）
	海水浴場	高浜海水浴場	五島市三井楽町貝津1054-1	0959-84-3111（三井楽支所）
	海水浴場	多郎島海水浴場	五島市富江町土取1333	0959-86-2920（さんさん富江）
	海水浴場	頓泊海水浴場	五島市玉之浦町頓泊	0959-87-2216（玉之浦支所）
	交通	福江空港（五島つばき空港）	五島市上大津町2183	0959-72-2955（発着案内）
	交通	福江港ターミナル（五島市管理課 港湾管理事務所）	五島市東浜町2-3-1	0959-75-0240
	交通	九州商船（福江支店）	五島市東浜町2-3-1	0959-72-2191
	交通	野母商船（福江支店）	五島市東浜町2-5-1	0959-72-4224
	交通	五島バス観光社	五島市東浜町2-3-1	0959-72-2173
奈留島	役所	五島市役所 奈留支所	五島市奈留町浦1815-3	0959-64-3111
	役所	五島市役所 奈留離島開発総合センター	五島市奈留町浦1754	0959-64-2426
	役所	五島市商工会奈留支所	五島市奈留町浦1839-8	0959-64-2288
	施設	城岳展望台	五島市奈留町浦	0959-64-3111（奈留支所）
	施設	笠松宏有記念館	五島市奈留町船廻937-1	0959-64-2209
	施設・体験	多賀真珠	五島市奈留町浦731-7	0959-64-2651
	建物・文化財・史跡	奈留教会	五島市奈留町浦395	
	公園・キャンプ場	宮の森総合公園	五島市奈留町船廻897	0959-64-4898

	分類	施設名	住所	電話
【奈留島】	海水浴場	宮の浜海水浴場	五島市奈留町船廻938-1	0959-64-3111（奈留支所）
	海水浴場	前島海水浴場	五島市奈留町泊505-4	0959-64-3111（奈留支所）
	海水浴場	舅ヶ島海水浴場	五島市奈留町泊517-5	0959-64-3111（奈留支所）
	施設	奈留ターミナルビル	五島市奈留町泊133	0959-64-3383（インフォメーションセンター）
	交通	奈留バス	五島市奈留町浦407-2　丸濱産業	0959-64-3171
【久賀島】	役所	五島市役所 久賀島出張所	五島市久賀町217-3	0959-77-2001
	役所	久賀島観光交流拠点センター	五島市久賀町103、104	0959-77-2115
	建物・文化財・史跡	牢屋の窄殉教記念教会	五島市久賀町大開	095-893-8763（長崎巡礼センター）
	建物・文化財・史跡	浜脇教会	五島市田ノ浦町263	
【その他離島】	役所	五島市役所 椛島出張所	五島市本窯町8-1	0959-78-2101
	役所	五島市役所 椛島出張所伊福貴分室	五島市伊福貴町376-13	0959-78-2124
	建物・文化財・史跡	嵯峨島教会	五島市三井楽町嵯峨島	
	交通	嵯峨島旅客船	五島市三井楽町濱ノ畔1473-1	0959-84-2785
	交通	黄島海運	五島市松山町246-2	0959-72-8963
【新上五島町】	役所	新上五島町役場	南松浦郡新上五島町青方郷1585-1	0959-53-1111
	役所	新上五島町 若松支所	南松浦郡新上五島町若松郷277-7	0959-46-3111
	役所	新上五島町 有川支所	南松浦郡新上五島町有川郷733-1	0959-42-1111
	役所	新上五島町 新魚目支所	南松浦郡新上五島町榎津郷491	0959-54-1111
	役所	新上五島町 奈良尾支所	南松浦郡新上五島町奈良尾郷379	0959-44-1111
	役所	新上五島町 北魚目出張所	南松浦郡新上五島町立串郷302-20	0959-55-3111
	役所	新上五島町 観光商工課　観光商工班	南松浦郡新上五島町青方郷1585-1	0959-53-1131
	施設	新上五島町観光物産協会（五島うどんの里）	南松浦郡新上五島町有川郷428-31	0959-42-0964
	施設	有川観光情報センター（有川港ターミナル）	南松浦郡新上五島町有川郷578-48	0959-42-3236
	施設	奈良尾観光情報センター（奈良尾港ターミナル）	南松浦郡新上五島町奈良尾郷728	0959-44-0944
	施設	鯨賓館ミュージアム	南松浦郡新上五島町有川郷578-36	0959-42-0180
	施設・体験	太田製麺所	南松浦郡新上五島町青方郷1144-10	0959-52-2076
	施設・体験	遊麺三昧（五島うどんの里）	南松浦郡新上五島町有川郷428-31	0959-42-0680
	施設・体験	船崎鰛純伝承館	南松浦郡新上五島町船崎郷497	0959-42-0964（新上五島町観光物産協会）
	施設・体験	五島灘酒造株式会社	南松浦郡新上五島町有川郷1394-1	0959-42-0002
	施設・体験	つばき体験工房	南松浦郡新上五島町小串郷1071-2	0959-55-3337
	施設・温泉	奈良尾温泉センター	南松浦郡新上五島町奈良尾郷712-3	0959-44-0117
	建物・文化財・史跡	元海寺	南松浦郡新上五島町榎津郷	0959-54-1024
	建物・文化財・史跡	奈良尾神社（アコウ樹）	南松浦郡新上五島町奈良尾郷332	0959-44-0323
	建物・文化財・史跡	青砂ヶ浦天主堂	南松浦郡新上五島町奈摩郷1241	080-1535-2643（長崎巡礼センター）
	建物・文化財・史跡	大曽教会	南松浦郡新上五島町青方郷2151-2	
	建物・文化財・史跡	江袋教会	南松浦郡新上五島町曽根郷195-2	
	建物・文化財・史跡	中ノ浦教会	南松浦郡新上五島町宿ノ浦郷985	
	建物・文化財・史跡	桐教会	南松浦郡新上五島町桐古里郷357	
	建物・文化財・史跡	曽根教会	南松浦郡新上五島町小串郷1028	
	建物・文化財・史跡	有福教会	南松浦郡新上五島町有福郷580	
	公園・キャンプ場	新上五島町立上五島海洋青少年の家	南松浦郡新上五島町桃浜ノ浦郷172-1	0959-52-4654
	公園・キャンプ場	新魚目ふれ愛ランド	南松浦郡新上五島町曽根郷1176	0959-55-2628
	海水浴場	蛤浜海水浴場	南松浦郡新上五島町七目郷1004	0959-42-0964（新上五島町観光物産協会）
	海水浴場	高井旅海水浴場	南松浦郡新上五島町奈良尾郷	0959-42-0964（新上五島町観光物産協会）
	海水浴場	船崎海水浴場	南松浦郡新上五島町船崎郷横崎	0959-42-0964（新上五島町観光物産協会）
	交通	有川港ターミナル	南松浦郡新上五島町有川郷578-36	0959-42-0035（九州商船）
	交通	青方港ターミナル	南松浦郡 新上五島町相河郷	0959-52-2019（野母商船）
	交通	奈良尾港ターミナル	南松浦郡新上五島町奈良尾郷982	0959-44-1515（九州商船）
	交通	若松港ターミナル	南松浦郡新上五島町	0959-46-2813（五島旅客船）
	交通	西肥バス 新上五島営業所（路線バス）	南松浦郡新上五島町青方郷2277	0959-52-2015
	交通	キリシタン洞窟クルーズ　せと志お	南松浦郡新上五島町若松郷167　前川荘	0959-46-2020
	交通	キリシタン洞窟クルーズ　遊覧屋形船カテリナ	南松浦郡新上五島町神ノ浦郷448-44	090-3324-3044
	交通	キリシタン洞窟クルーズ　祥福丸	南松浦郡新上五島町桐古里郷606	0959-44-1762
【小値賀島】	役所	小値賀町役場	北松浦郡小値賀町笛吹郷2376-1	0959-56-3111
	施設	おぢかアイランドツーリズム	北松浦郡小値賀町笛吹郷2791-13小値賀港ターミナル	0959-56-2646
	交通	小値賀町（納島〜柳　運航）	北松浦郡小値賀町笛吹郷2376（産業振興課）	0959-56-3111
	交通	小値賀町（笛吹〜大島・野崎　運航）	北松浦郡小値賀町笛吹郷2376（産業振興課）	0959-56-3111
	交通	小値賀交通（路線バス）	北松浦郡小値賀町前方郷4150	0959-56-2003
【宇久島】	役所	佐世保市宇久行政センター	佐世保市宇久町平2581-5	0959-57-3111
	施設	宇久町観光協会	佐世保市宇久町平2524-23 平港ターミナル	0959-57-3935
	交通	佐世保市宇久行政センター（神浦〜寺島〜柳　運航）	佐世保市宇久町平2581-5（産業建設課）	0959-57-3113
	交通	宇久観光バス（島内巡回バス）	佐世保市宇久町平3104-48	0959-57-2020
	交通	宇久交通（タクシー・レンタカー）	佐世保市宇久町平2749-2	0959-57-2132

※掲載されている情報は、変更・廃止される場合があります。あらかじめご了承ください。
※寺社・教会は無人のこともあります。また、教会へのお問い合わせは各観光案内所へご連絡ください。

教会見学のマナー

教会は本来、大切な祈りの場であり、観光施設ではない。観光を目的として訪問する場合は次のマナーを守り、信徒の皆さまへ迷惑がかからないように心がけたい。聖堂内の厳粛な雰囲気を感じ、心静かに聖なる時間を過ごそう。

＼ 見学の決まりごと ／

内陣は立入禁止

教会堂の正面、奥の一段高くなった内陣（祭壇）は最も神聖な場所であり、聖職者以外は入ることが許されない場所。絶対に立ち入ってはいけない。

ミサは入堂・写真撮影禁止

日曜の朝はほとんどの教会でミサ（礼拝）が行われる。教会によっては信徒でないと入堂を許されないことがある。参加できてもミサ中の聖体拝領（小さなパンを受ける儀式）は、信徒に限られるので、静かに座って待とう。また、祈る人がいるときや冠婚葬祭時も入堂は遠慮するように。なお、ミサの写真撮影も禁止だ。

教会内での飲食・喫煙は禁止

飲食・喫煙だけでなく、大声でしゃべったり動き回るのもやめよう。子ども連れの場合は、同伴者が気をつけて静かに見学させてあげよう。

むやみに手を触れない

堂内には聖書や祭礼品、装飾物などが置かれているが、むやみに触れたり移動させてはいけない。

用を足してから伺おう

教会のトイレは信徒のためのもの。できるかぎり事前に済ませて、教会のトイレは利用しないように。

服装は神聖な場所にふさわしく

普段着でかまわないが、超ミニやベアトップなど肌の露出が大きい衣服は避ける。堂内では脱帽する。土足厳禁の教会もあるので、サンダルなら靴下を準備していくと良い。

感謝の気持ちを忘れずに

特に拝観料はないが、見学させていただいた感謝の気持ちを献金箱に入れよう。献金は教会の維持管理に使用される。

　本書に掲載している次の3教会は、教会行事（ミサ、葬儀等）により見学できない場合や、一度に多くの見学者を受け入れられないこともあるため、見学希望の際は【事前連絡】が必要となる。
旧五輪教会堂、江上天主堂（五島市）／頭ヶ島天主堂（新上五島町）

長崎と天草地方の潜伏キリシタン関連遺産
インフォメーションセンター
https://kyoukaigun.jp
対応時間9:30〜17:30　TEL095-823-7650
https://kyoukaigun.jp/reserve/list.php（左記サイトからも予約可能）

五島市教会巡り
ハンドブック
ダウンロード

あとがき

　そもそも日本の国は「日本列島」であり、6800ほどの島からなる。なかでも島数が日本一多いのは長崎県で、約14%、971島を有する。いわば島の集合体といえる長崎県でも、とりわけ特徴的なのが東シナ海に浮かぶ五島列島だ。大小152の島々は、福江島・久賀島・奈留島・中通島・若松島・宇久島・小値賀島ほか有人は18島で、大半が無人島だが、地形・自然・歴史・構造物のいずれも抜きん出た個性がある。ここにしかない風物、ここだけの景色——太古の火山がもたらした溶岩海岸、複雑なおぼれ谷、東シナ海の荒波が削り取った海蝕崖など、自然の絶景・奇景に目を見張り、飽きることがない。歴史は縄文時代から近代まで、海の玄関口として西洋と東洋の文化・様式が入り交じり、今日に伝わっている。独特な歴史の歩みにより、武家屋敷や神社仏閣が教会と肩を並べ、不思議な祭が営まれているのだ。潜伏キリシタンの悲しい物語も残るが、再興された祈りによって築かれた教会群は、未来への遺産として大切に受け継がれている。

　これらが朝のドラマの舞台や映画のロケ地、マンガにもなっているのは、五島が人を惹きつけてやまないからだろう。各島に独自の魅力があり、人をいざなう。一度訪れると五島にしかない印象に息を呑み、ただただ見とれ、カメラと心に膨大なお土産を持って帰る。

　また、島に生きる人は、おだやかで人懐こい。華美でない素朴なもてなしが心地よく、訪れる者をあたたかく迎え入れてくれる。うまいものもふんだんにあるし、あれもこれもと欲張っても、期待を上回る答えがもたらされるのだ。

　難を言えば、船または飛行機しか足がないので行きづらい。しかしそれがかえって「訪れた満足感」をかき立てる。行ってみれば必ず魅了されるし、行って良かったと実感できるのだ。旅の醍醐味を満喫でき、しばらくするとまた訪れたくなる。

　気候風土と文化に醸された、心豊かになれる島、五島。万人をいざない、万人に愛される島、五島。本書では五島市と新上五島町を中心に写真メインで語ってきたが、これだけではとても語り尽くせないし、泣く泣く割愛したビュースポットも数多い。あとがきを書いていて、また行きたくなってしまったが、皆さまもぜひ自分の目と心で体感し、あなただけの五島を発見してほしい。

謝辞

　取材・制作にあたり、五島の皆さまにはたいへんお世話になりました。どなたにも本当に親切にしていただき、五島へ抱く親近感と好感がいっそう強まりました。とりわけ次の方々には、いろいろ丁寧にご教示いただき篤く御礼申し上げます。皆さまのおかげで、良い本をつくることができました。ありがとうございました。（五十音順　敬称略）

洗川志穂	坂本剣一	濱崎由美子	五島市教育委員会　生涯学習課
アーロン・ヘイズ	清水多賀夫	原　知也	五島市産業振興部　農林課　椿・森林班
伊藤菜穂	髙村昌治	松林澄也	新上五島町　観光商工課　観光商工班
岩崎孝明	谷川友和	山本鷹生	新上五島町教育委員会　文化財課　文化財班
岩下一真	谷村康弘	山本二三	
江口　旭	戸村浩志		五島コンカナ王国
太田充昭	中尾静枝		前川荘
五島典昭	野原一洋		丸浜タクシー
			若松タクシー

本書は、次の文献およびホームページを参考にさせていただきました。

【参考文献・ホームページ】

五島市ガイドブック（五島市商工観光課）

五島つばき事典（五島観光連盟）

新上五島町観光ガイドブック（新上五島町観光商工課）

新上五島町教会巡り（新上五島町観光物産協会）

大浦天主堂物語（世界遺産長崎チャーチトラスト）

日本遺産「国境の島」のひみつ（日本遺産「国境の島」推進協議会）

五島の島たび　五島市観光サイト（https://goto.nagasaki-tabinet.com）／五島市文化観光課

まるごとう（https://www.city.goto.nagasaki.jp）／五島市役所

新上五島町観光ナビ（https://shinkamigoto.nagasaki-tabinet.com）／新上五島町観光物産協会

新上五島町公式サイト（https://official.shinkamigoto.net）／新上五島町

ながさき旅ネット（https://www.nagasaki-tabinet.com）／長崎県観光連盟 長崎県文化観光国際部観光振興課

長崎と天草地方の潜伏キリシタン関連遺産インフォメーションセンター（http://kyoukaigun.jp）／長崎と天草
地方の潜伏キリシタン関連遺産インフォメーションセンター

文化遺産オンライン（https://bunka.nii.ac.jp）／文化庁

日本遺産ポータルサイト（https://japan-heritage.bunka.go.jp/ja/）／文化庁

にっぽん再発見　五島
世界文化遺産

発行日　2023年3月3日　初版

写　真　山本　一

執　筆　川添智未

協　力　五島市教育委員会　教育総務課

　　　　新上五島町観光商工課

発行者　足立欣也

発行所　株式会社求龍堂

　　　　〒102-0094
　　　　東京都千代田区紀尾井町3-23 文藝春秋新館1階
　　　　電話：03-3239-3381（代）　03-3239-3382（編集）
　　　　https://www.kyuryudo.co.jp

印刷製本　ニューカラー写真印刷株式会社

装丁・デザイン　辻　恵里子

「にっぽん再発見」題字　小林玖仁男

教会を撮影した写真については、以下より
掲載許可を得ています。
カトリック長崎大司教区
五島市/五島市教育委員会（旧五輪教会堂）

JASRAC（出）
221128049-01